AUF TEUFEL KOMM RAUS

Ein Rückblick und mehr

Manfred K Becker

AUF TEUFEL

KOMM RAUS

Ein Rückblick und mehr

Die Deutsche Nationalbibliothek verzeichnet diese
Publikation in der Deutschen Nationalbibliografie;
detaillierte bibliografische Daten sind im Internet
über http://dbd.dnb.de abrufbar

© 2021 Manfred K Becker
Herstellung und Verlag: BoD – Books on Demand,
Norderstedt
ISBN: 9783755736783

Inhalts-Verzeichnis

Prolog

Dieses Buch ist in vier verschiedene Kapitel unterteilt:
Das erste Kapitel unter dem Titel „Rückblick" beinhaltet den Werdegang des Autors. Dies im Zusatz zu den Geschichten in den Büchern „Knallfrösche" und „Drei-Länder-Mann", welche bereits erschienen sind im BoD-Verlag.

Das zweite Kapitel enthält acht Reiseberichte", welche aufgrund eines Schreibwettbewerbs des BoD-Verlags entstanden.

Das dritte Kapitel enthält dreissig Kurzgedichte zum Thema „Nacht",

welche aufgrund eines Schreib-
wettbewerbs des Zürcher JULL-
Junges Literaturlabors entstan-
den.

Das vierte Kapitel beinhaltet den
Science Fiction Thriller „Ruchlos".
Ein Thema, das bisher weder in
Buchform noch im Film vorkommt;
auch entstanden aufgrund eines
Schreibwettbewerbs des Zürcher
JULL-Junges Literaturlabors.

Möge der Inhalt dieses Buches
positiv herausstechen aus all dem
Gedruckten, was den Büchermarkt
heute so überschwemmt.

Manfred K. Becker

Down Under 2021

Man lebt zweimal:
Das erste Mal in Wirklichkeit,
das zweite Mal in Erinnerung.
Honoré de Balzac

Rückblick

Nicht jedem ist ein geradliniger Lebensweg beschieden. Meiner verlief etwas kurvenreich und kriegsbedingt; anfangs recht notdürftig. Not macht erfinderisch, deshalb konnte ich mit wenig Geld, aber erheblichem Aufwand, manche Hürde meistern und auch viele Abenteuer erleben.

Die wichtigsten Entscheidungen, welche ich in meinem Leben zu treffen hatte, wurden von mir ohne Rücksicht auf eventuelle Konsequenzen getroffen. Dabei bin ich zum Glück in der Regel gut gefahren.

Hätten Hitler und seine Schergen nicht den zweiten Weltkrieg angezettelt, wäre mein Leben wohl anders verlaufen, denn mein Urgrossvater mütterlicherseits, ein Zigarrenfabrikant, war der reichste Mann im Landkreis Waldenburg in Schlesien. Das ganze Vermögen ging jedoch in den Kriegswirren verloren. Auch die Gutschrift meines Grossvaters, für meinen Vater zum Bau einer Tankstelle inklusive Reparaturwerkstatt, war Ende des Krieges nichts mehr wert.

Die schlesische Bevölkerung wurde vertrieben. Wir wurden in Viehwaggons verfrachtet und in Richtung Westen transportiert. Je Person durfte nur ein Rucksack mit persönlichen Habseligkeiten mitgenommen werden. Wertsachen wurden konfisziert. Der Staat Polen übernahm das ganze Gebiet Schlesien.

Nach Ankunft in Westdeutschland wurde ich mit Eltern und Bruder in der britischen Besatzungszone des geteilten Deutschlands fünf Jahre lang in einer kleinen Einzimmer-Mansarde im Dachgeschoss eines alten, zweistöckigen Hauses einquartiert.

Das Plumpsklo befand sich im Parterre auf dem Hof. Wasser wurde aus der unteren Etage geholt. Meinen damaligen Kinder-ausweis, ausgestellt von der britischen Behörde, habe ich als Andenken aufgehoben.

Da Lebensmittel sehr knapp waren, versorgten englische Soldaten zwei Jahre lang von einem Jeep aus uns Schulkinder jeden Tag grosszügig mit Mittagessen. Dieses war wesentlich nahrhafter als die wässrige Steckrübensuppe aus der Nachkriegs-Volksküche.

Als Zehnjähriger wechselte ich von der Grundschule aufs Gymnasium. Der Schulweg dorthin war be-schwerlich. Er führte nach halb-stündigem Fussmarsch aus unse-rem Dorf zum Bahnhof und 20 km Fahrt mit der Eisenbahn in die

grösstenteils zerbombte Kreis-
stadt. Dann ein weiterer halb-
stündiger Fussmarsch vom Bahnhof
bis zur Schule. Ich musste vor
sechs Uhr morgens aufstehen und
war nachmittags um halb drei
wieder daheim.

Wir waren 54 Jungs in der Klasse.
Unsere Lehrer, die Herren
Studienräte, waren durch die
Nazizeit geprägt und behandelten
uns entsprechend. Auch riefen sie
uns nur beim Nachnamen, was ich
nicht leiden konnte.

Leider verliess ich nach unserem
Umzug in die Stadt das Gymnasium
vier Jahre später wegen schlech-
ter Noten. Immerhin hatte ich in
der Schule so viel gelernt, dass ich
in einer grossen Autofirma eine
technische Lehre antreten konnte.

In jungen Jahren musste ich daheim viel zur Hand gehen: Im Garten, beim monatlichen Wasch-tag, beim Besorgen von Sägespänen für den speziellen Küchenofen und beim Sammeln von gebrauchten Ziegelsteinen vom Schuttplatz für den Bau von Vaters Gartenlaube. Besonders peinlich für mich waren Touren in benachbarte Dörfer mit Vaters Fahrrad und Anhänger, auf dem ein Holzfass stand. Mit Besen und Schaufel musste ich Pferde-äpfel für unseren Schrebergarten sammeln. Immer in Gefahr, von einem dort wohnenden Mitschüler gesehen und verspottet zu werden. Diese ganze Mitarbeit liess mir wenig Zeit für die Schularbeiten daheim und für die Verfestigung des bereits Gelernten.

Am Sonntag hatte ich wenig Lust, mich weiter mit Lernen zu beschäftigen. Da begab ich mich lieber als 13-jähriger Caddy auf den nahegelegenden Golfplatz, um die Schläger-Taschen der Spieler zu tragen.

Das dabei verdiente Geld reichte bald für ein gebrauchtes Fahrrad, mit dem ich in den folgenden Jahren durch Deutschland und ins Ausland radeln konnte.

Meine Eltern waren sehr streng, liessen mir aber auch viel Freiheit in meinerer kurz bemessenen Freizeit, welche ich voll aus-kostete. Die von meiner Lehrfirma monatlich überwiesene so genannte "Erziehungsbeihilfe" in Höhe von

45 Mark wurde von meinen Eltern verwaltet.

Ausbezahlt davon an mich wurden das Geld für das Essen in der Firmenkantine und eine Mark Taschengeld pro Woche.

Ich besserte mein Taschengeld damit auf, indem ich zwischen den Essensschichten in die Kantine ging. Diese war zu klein, um alle Mitarbeiter mittags zur selben Zeit verköstigen zu können. So wussten die Angestellten der Kantine, welche die Essenmarken täglich einsammelten nie, ob ich meine schon auf den Tisch gelegt hatte oder nicht. Damit konnte ich in den drei Lehrjahren mein Taschengeld wöchentlich um drei Mark aufbessern.

Nach Rücksprache mit meinen Eltern durfte ich das übrig gebliebene Geld von der Erziehungsbeihilfe auch für besondere Ausgaben verwenden, vor allem für vierwöchige Ferienfahrten mit meinem Fahrrad ins benachbarte Ausland zwischen meinem 14-ten und 16-ten Lebensjahr.

Da mein Vater bei der Bundesbahn arbeitete, erhielt ich Freifahrtkarten für die Bahn.

Dank meiner Körpergrösse von Einmeterdreiundachzig, schon als 14-jähriger, bin ich damals nie kontrolliert worden, wenn ich das Auto meines Freundes Dieter fahren durfte. Gewöhnlich ging die Fahrt Mittwochabends in umliegende Dörfer zu Bauern zwecks Eiereinkauf.

Diese wurden später im Laden von Dieters Eltern verkauft. Ebenfalls Dank meiner Körper-grösse musste ich abends im Kino nie meinen Ausweis zeigen und auch anschliessend nicht im Nacht-kaffee.

Nach meiner Lehre vervoll-ständigte ich meine Ausbildung zum Maschinentechniker.

Vorher musste ich jedoch ein absolut sinn- und nutzloses Jahr als Panzerpionier bei der Bundeswehr absolvieren.

Mit zunehmendem Alter habe ich mir angewöhnt, keine negativen Kommentare über gewisse Ereig-nisse abzugeben. Deshalb erspare ich mir weitere Bemerkungen über diese Zeit.

Meine nächste Arbeitsstelle danach war zum Glück 80 km entfernt von meiner Kaserne. Deshalb blieben mir dreiwöchige Wiederholungskurse beim Militär erspart.

In der Zwischenzeit wurde mein Sohn Jacques geboren; ein Prachtbaby. Bei der Geburt 5 kg schwer, 60 cm gross und mit vollem blonden Haar. Er entwickelte sich zu einem kleinen Draufgänger und genoss es, zusammen mit mir auf meiner alten Vespa zu fahren, oder im Ford Taunus Kabrio, welches ich mir manchmal von einem Arbeitskollegen ausleihen durfte.

In einer kleinen Machinenfabrik für Gewindewirbel-Geräte arbeitete ich als Maschinentechniker im Konstruktionsbüro. Die Frau des Fabrikanten besass eine grosse alte

Villa, in der in zwei Stockwerken Mitarbeiter wohnten. Nach meinen Plänen wurde im Dachgeschoss eine Wohnung ausgebaut, in die ich mit meiner jungen Familie bei einer bescheidenden Monatsmiete ein-ziehen konnte.

Sonntags klingelte manchmal das Werkstelefon im Hausflur und der Direktor und Firmeninhaber fragte mich, was ich am Nachmittag vorhätte. Mehr als ein Spaziergang mit Frau und kleinem Sohn lag damals nicht drin. So sagte mein Chef: Spazieren Sie doch alle drei zu meiner Villa. Dort können sich ihre Frau und der Kleine mit meiner Frau bei Kaffee und Kuchen unterhalten und wir Beide disku-tieren im Bierkeller über meine neuen technischen Ideen.

Erwartet wurde dann natürlich, dass ich bis zum nächsten Morgen die Konstruktions-Zeichnungen für das Patentamt bereitstellte.
Wie immer fühlte ich mich dann geehrt, solche Arbeiten für den hohen Chef auszuführen.

Eine für mich angenehme Abwechslung war das Skatspiel mit Kollegen. Einmal nahm ich in unserem Ort an einem Preis-Skatspiel teil und gewann als ersten Preis eine Gans, welche zu Weihnachten bei meinen Schwiegereltern verzehrt wurde

Meine entferntere Verwandschaft war nach dem Krieg zerstreut. Als ausgesiedelter Schlesier ist mir bis heute ein Heimatgefühl fremd. Deshalb konnte ich auch in West-

Deutschland nirgends sesshaft werden.

Mein direkter Vorgesetzter in der Maschinenfabrik sah es nicht gern, dass ich oft direkt vom Firmen-Inhaber Konstruktions-Aufgaben erhielt. Dies führte bald zu Unstimmigkeiten und ich begann, mich weit weg von meiner bisherigen Wirkungsstätte nach einer anderen Arbeitsstelle umzusehen.

Ein Arbeitsangebot erhielt ich von einer Firma in Liechtenstein, ein Weiteres in der Schweiz. Heute frage ich mich, was aus mir geworden wäre, hätte ich die Stelle in Liechtenstein angetreten. Aber ich entschied mich für die Anstellung in der Konstruktions-Abteilung einer grossen Firma in der Schweiz, wohin ich mit meiner jungen Familie auswanderte.

Meine Söhne sagen oft, dass dies der beste Entscheid in meinem Leben war. Hiermit ergab sich die erste grössere Kurve in meinem Leben.

Die ersten Jahre in der Schweiz waren finanziell knapp bemessen. Dies besserte sich erheblich, als ich zusammen mit meinen Mitarbeitern verantwortlich wurde für die Kontrolle und technische Richtigkeit von Konstruktions-Zeichnungen, erstellt von über 100 Ingenieuren, Konstrukteuren und technischen Zeichnern.

Mein älterer Sohn Jacques, welcher in derselben Firma eine Lehre als Maschinen-Mechaniker absolvierte, erinnert sich noch heute an meine Unterschrift auf allen Zeichnungen, welche in die Arbeitsvorbereitung und von dort in die Produktion gingen.

Die Idee zu meinem ersten Patent entstand durch einen Kollegen, welcher mich fragte, ob ich die Geschäfts-Kellerräume seines Schwiegersohnes streichen könnte. Alle Wände und Decken in mehreren grossen Räumen sollten geweisselt werden. Ein Maler war auf die Schnelle jedoch nicht zur Hand.
Um nebenbei etwas Geld zu verdienen, sagte ich zu. Mit dem Pinsel hätte dies aber eine Ewigkeit gedauert. Ich überlegte, wie ich mir die Arbeit erleichtern und be-schleunigen könnte und kam auf die Idee eines Farbrollers.
Zu dieser Zeit existierte auf dem Markt kein solches Produkt, deshalb baute ich in der Werkstatt des Kollegen ein Exemplar.

Da der Anstrich dringend benötigt wurde, begann ich sofort Freitag Abend nach meiner offiziellen Arbeitszeit. Am folgenden frühen Morgen konnte ich mit Befriedigung mein gelungenes Werk begutachten. Der Farbroller leistete mir dabei ausgezeichnete Dienste.

Diesen Farbroller wollte ich danach in der Schweiz patentieren lassen. Ich besorgte mir vom Patentamt ein Musterpatent und nach mehreren Anläufen wurde es angenommen. Neue Patente werden publiziert und bald darauf meldete sich eine Schweizer Firma, um den Farbroller in Lizenz herzustellen. Leider hatte ich damals weder Zeit noch Geld, um die Sache weiter zu verfolgen.

Wie es so schön heisst: Der Techniker ist das Kamel, auf dem der Kaufmann durch die Wüste reitet. Mir erging es wie vielen Erfindern. Statt Tantiemen zu kassieren, blieb am Ende für mich nur die Erkenntnis: Ausser Spesen nichts gewesen. Ich hatte etwas gewagt, doch leider nichts gewonnen. Nach einem Jahr wurde ich gewahr, dass eine holländische Firma Farbroller nach meinem Modell auf den Markt brachte, welche es seitdem überall zu kaufen gibt.

Meine beiden Jungs unternahmen bereits in sehr jungen Jahren weite Ferienreisen mit der Bahn. Meine Mutter wollte einmal mit ihnen auf der Nordseeinsel Borkum Ferien verbringen.

Der Ältere war damals zehn Jahre alt und sein Bruder fünf. Wir setzten beide in Baden/CH in den Nachtzug und meine Mutter holte sie in Hannover/D ab. Dann ging es gemeinsam weiter auf die Insel Borkum.

Schon damals hätten sich manche Eltern sicher nicht getraut, ihre Kinder in diesem Alter allein auf weite Reisen zu schicken. Meine Mutter unternahm mit den Jungs weitere Touren, unter anderem bis ans schwarze Meer.

Noch während meiner Tätigkeit in dem Schweizer Grossbetrieb lernte ich Rudi kennen, den Inhaber eines Ingenieurbüros in Zürich, für welchen ich die verschiedensten Konstruktionen ausführte und mir damit nebenbei Geld verdiente.

Die Firma, bei der ich arbeitete, hatte ein Zweigwerk in Mannheim. Nach einer Besprechung dort fuhr ich mit meinem Auto zurück Richtung Autobahn. Aber kurz vor dem Teiler, welche die Auffahrt auf diese anzeigte, fuhr ich, statt nach Süden in die Schweiz, kurz entschlossen Richtung Norden nach Braunschweig, wo damals meine Mutter wohnte. Von dort aus besuchte ich einen Schwager, welcher eine neu gegründete Generalvertretung für Hochdruck-Reinigungsgeräte und Chemikalien für die Reinigung von elektrischen Anlagen unter Spannung betrieb.

Damit begann eine weitere Kurve in meinem Leben.

Die Arbeit in dem Grossbetrieb befriedigte mich nicht mehr, denn nach Jahren im Konstruktionsbüro wurde ich für die Entwicklung neuer Betriebsabläufe eingesetzt. Die Bezahlung war sehr gut, aber die Arbeit befriedigte mich nicht. Dazu kam, dass es 1975 in der Schweiz zu einer kleinen Rezession kam und ich langfristig an meiner Arbeitsstelle keine Zukunft für mich sah.

Nach eingehender Besprechung mit meinem Schwager nahm ich die Chance wahr, einen ähnlichen Betrieb in der Schweiz auf- zubauen. Dies musste reiflich überlegt werden. Die Idee reizte mich zwar ausserordentlich, doch ich wusste, es würde sicher lange dauern, bis dieser neue Reini- gungsservice zum Tragen kommen würde.

Zur Not allerdings war ich sicher, eine Durststrecke mit Aufträgen vom Ingenieurbüro meines Freundes zu überbrücken. So kündigte ich meine komfortable Stellung nach meiner Rückkehr in die Schweiz.

Zur selben Zeit war es mit meiner Ehe nicht mehr zum Besten bestellt. Wir bewohnten eine luxuriöse Parterrewohnung mit grosser Terasse und beschlossen, in Zukunft getrennte Wege zu gehen. Ich mietete sehr preisgünstig von der Gemeinde ein altes, heruntergekommenes Zweifamilienhaus und zog mit meinen zwei Jungs dort ein. Meine Frau bezog ihre eigene Wohnung im selben Ort.

Sie fand eine gutbezahlte Arbeitsstelle und finanzierte sich fortan selbst.

Es war zwischen uns abgemacht, dass die Teenager jederzeit ihre Mutter besuchen konnten. Dies funktionierte ganz gut, bis beide dann nach einigen Jahren ihre eigenen Wege gingen. Bis heute habe ich mit meinen beiden Jungs einen ausgezeichneten Kontakt.

Der erste Schritt war nun, meinen neuen Reinigungsservice für Elektroanlagen bei potenziellen Kunden vorzustellen. Zur gleichen Zeit beantragte und erhielt ich vom Eidgenössischen Starkstrom-Inspektorat die Genehmigung zur Durchführung von Elektro-Reinigungsarbeiten unter Spannung. Die zuständigen Fachleute für den Unterhalt waren zuerst skeptisch. Nach Demonstrationen vor Ort folgten, vorerst sehr langsam, die ersten Bestellungen für mein Hochdruck-Reinigungs-System und die dazugehörigen Chemikalien.

Überraschenderweise überzeugte meine effiziente, aber damals in der Schweiz noch unbekannte Reinigungsmethode bald die meisten Verantwortlichen für Elektroanlagen.

Vor einer Demonstration sah ich einmal einen Elektriker, welcher vor einem Schaltkasten auf einem Eimer sass und mit einem Pinsel Kontakte reinigte, was natürlich ineffizient und zeitraubend war. Nach dem Einsatz meines Systems sagte der Elektriker zu seinem Chef, dass er niemals in seinem

Leben wieder einen Pinsel für die Reinigung benutzen würde. Es kam dann umgehend zu einer Bestellung.

Am Anfang bezog ich das ganze Material für die Reinigung aus Deutschland. Da ich mit der Qualität des Sprüh-Zubehörs und speziell der Düsen nicht zufrieden war, entwickelte und produzierte ich ein eigenes Sortiment und belieferte damit bald die entsprechenden Generalvertretungen in Deutschland und Österreich.

Um zu verhindern, dass das von mir entwickelte Zubehör kopiert wird, liess ich dieses patentieren.
Es dauerte sieben Jahre, bis mein Unternehmen etabliert und ich nicht mehr auf Nebeneinkünfte angewiesen war.

Meine anspruchsvollste Tätigkeit für Rudis Ingenieurbüro war die Konstruktion eines Schweissautomaten für Blechschubladen.

In fünfundzwanzig Sekunden wurden auf diesem nach dessen Fertigstellung die Schubladenteile in zwei Arbeitsgängen von 6 Stosspunktern zusammengeschweisst.

Um die neuesten Stosspunkter ausfindig zu machen, fuhren wir extra zur Industriemesse nach Hannover. Dieser Schweissautomat arbeitet heute noch nach über vierzig Jahren zur vollsten Zufriedenheit des Kunden.

Nach der Konstruktion des Schweissautomaten sagte Rudi zu mir, ich solle doch mein Geschäft aufgeben und für ihn vollamtlich arbeiten. Aber ich sah Potenzial in meinem Geschäft und sagte ab. Trotzdem bin ich mit Rudi heute noch sehr gut befreundet.

Zum Schluss hat sich mein Entscheid ausgezahlt, denn zuerst mein älterer Sohn Jacques und später mein jüngerer Sohn Dominique konnten auf meiner Geschäftsbasis aufbauen. Heute ist der Betrieb nach über vierzig Jahren Bestehen schweizweit bekannt und hat auch nach Dominiques Übernahme und der Erweiterung des Geschäfts- bereichs nur zufriedene Kunden.

Zwischendurch ging meine Kurve fast in die falsche Richtung. Beim Testen der von mir gefertigten Hochdruck-Sprühdüsen schoss ich mir mit dem chemischen Reini- gungsmittel, unter hohem Druck, versehentlich tief in die rechte Handfläche. Nach zwei Operationen, fünf Wochen Spitalaufenthalt und vier-monatiger, schmerzhafter Therapie war aber alles wieder in Ordnung.

Im Laufe meines Lebens habe ich auch andere schwere Unfälle überstanden. Zum Beispiel, als ich einmal eine 50.000 Volt Starkstromleitung berührte. Dies führte zu sechs Wochen Spitalaufenthalt und ein paar Narben an Händen und Füssen.

Ein andermal stürzte ich vom Dach aus fünf Meter Höhe Kopf voran auf den Betonboden. Erst einige Tage nach diesem Unfall habe ich mich im Spiegel wieder erkannt.

Eine weitere, aber sehr schöne Kurve ergab sich, als ich nach meiner Scheidung und dreijährigem lustigen Junggesellenleben, mein jetziges Darlingwife Marcella kennenlernte.

Ihre grosse Verwandschaft im Kanton Schaffhausen nahm mich sofort herzlich auf.

Auch wurde ich in das Familien-Sippenfähnli Sankt Mauritius aufgenommen, wo männliche Mitglieder der Sippe monatlich auf dem eigenen Schiessplatz mit Eidgenössischen 1842-er Vorderlader-Waffen, Kaliber 18mm auf Zielscheiben schossen.

Manchmal nahmen wir an internationalen Schiessanlässen teil, wobei wir einmal in Näfels, Kanton Glarus, den ersten Preis gewannen.

Bei der Präsentation zeigte unser Obmann mit einem Schmunzeln auf mich und sagte:
"Der hier hat extra meine Cousine geheiratet, damit er in unserem Familienklub Mitglied werden kann."

Zwecks Umbau unseres ersten Hauses kam mir mein alter Freund Dieter aus Limburg an der Lahn zu Hilfe. Er hatte seine alte Schubkarre dabei, was bei seiner Einreise mit dem Auto in die Schweiz den Zöllnern auffiel. Da er hier natürlich nicht arbeiten durfte, sagte er nur, sie wäre ein Geschenk für einen Freund.

Zwischen Küche, Wohnzimmer, und dem ehemaligen Schlafzimmer, wurden grosse Bögen aus Natursteinen eingebaut. Dies ergab eine offene Küche mit anschliessendem grossen Aufenthaltsraum. Auch einen Schwedenofen mit Kamin bauten wir ein.

Ein Unterstand zur Lagerung der Fässer mit chemischen Reinigungsmitteln wurde auch auf dem Grundstück in Angriff genommen.

Im Nachbarort lagen auf einer Wiese ungenutzte, übriggebliebene Bauteile, welche ich für den Unterstand brauchen konnte und was mich nur eine Flasche Whiskey kostete. Mit einem gemieteten VW-Transporter wurde alles Material in einer Fahrt überführt. Die Teile ragten beim Fahren soweit hinten über die Ladefläche hinaus, dass wir uns beim Fahren aus Gründen der Balance weit auf den Fahrersitzen nach vorn beugen mussten.

Der Unterstand für chemische Geschäftsprodukte und ein grosser Parkplatz wurden am Ende unseres Gartens geplant, welcher bis zur Eingangstür des Nachbarhauses reichte. Dieses Haus besass keinen eigenen Parkplatz auf dessen Grundstück.

Paul, der Schwiegersohn unserer Nachbarin, machte den Vorschlag, den Parkplatz für vier Autos bis zum Nachbarhaus zu erweitern, sodass wir diesen gemeinsam benutzen könnten. Wir traten den entsprechenden Platz der Nachbarin ab, dafür wurden von ihr die gesamten Kosten des ganzen Parkplatzes übernommen. So wurde Pauls Vorschlag in die Tat umgesetzt und es entstand eine langjährige Freundschaft zwischen uns.

Während des Hausumbaus trat ich der örtlichen Feuerwehr bei und lernte Trompete spielen für die "Häxeschränzer" Guggenmusik.

Nach zwei Jahren war das Haus leider nicht mehr gross genug für mein Geschäft.

Ausserdem lag das Haus an der Kantonsstrasse. Der Autoverkehr nahm zu und damit auch der Strassenlärm.

So machten wir uns auf die Suche nach einem neuen Heim. Sobald wir in der Zeitung eine Verkaufs-anzeige für eine Liegenschaft sahen, begaben wir uns auf den Weg dorthin. Der halbe Konton Aargau wurde dabei abgesucht. Wenn es ein bezahlbares Objekt gab, standen dort aber schon mehr als dreissig Leute vor der Tür und wir kamen dabei nie zum Zug.

Die Zeit wurde knapp, denn unser Haus war schon verkauft, aber wir konnten es vom neuen Besitzer zurückmieten.

Bei schönem Wetter machten wir oft einen Spaziergang durch den oberen Ortsteil Richtung Wald. Dort stand ein grosses, altes, nicht mehr bewohnbares Bauernhaus.
Marcella kam auf die Idee, dort vielleicht vorübergehend unsere Möbel einzustellen, bis wir ein eigenes Haus beziehen würden. Nachdem wir endlich den Eigentümer ausfindig machen konnten, kam es statt des Unterbringens der Möbel überraschenderweise zu einem Kauf.

Vorher sah ich mir das Bauernhaus genau an. Wohntrakt und Scheune waren zusammengebaut unter einem

Dach und befand sich in einem desolaten Zustand.

Meine Besichtigung fand Ende des Jahres statt. Es war sehr kalt, aber sonnig. Die Scheune ragte zwei Meter weiter in den Garten als das Wohnhaus und bildete eine windgeschützte Ecke. Dort stand ich eine Weile und genoss die Lage der Liegenschaft in der Sonne, besonders, da sich die Häuser am gegenüber liegenden Hang im Schatten befanden. Dies gab den Ausschlag zum Kauf.

Mein Sohn Dominique half mir beim Vermessen und sagte zu mir: "Mann, was willst du mit dieser Bruchbude machen?" Heute lachen wir über seine Bemerkung, da diese Liegenschaft in bester Lage, auch heute noch geschäftlich genutzt werden kann. Es daurte sieben Jahre Umbau, bis das Haus, zum Teil durch viel Eigenleistung, unseren Vorstellungen entsprach.

In der Zwischenzeit hatte mein Sohn Jacques sein eigenes Reinigungs-Unternehmen auf meiner Geschäftsbasis gegründet. Er führte alle Reinigungsarbeiten an Elektroanlagen durch., denn unsere potentiellen Kunden wollten kein eigenes Personal mehr dafür einsetzen.

Dies liess uns mehr Zeit für Reisen in andere Länder, wie zum Beispiel 1982 erstmals nach Australien, wo wir unsere Liebe zu diesem Land entdeckten.

Nach seiner Matura begann mein Sohn Dominique in Lausanne im französischsprachigen Kanton Waadt am Genfersee sein Forensik-Studium. In den Semesterferien musste er sich in unseren Firmen Geld für sein Studium verdienen. So wurde er auch mit allen Geschäfts-abläufen vertraut.

Als sein Bruder vor uns nach Australien auswanderte, brach er sein Studium ab und übernahm zuerst dessen Firma. Ein Grund für seinen Abbruch war auch folgender Kommentar seines Bruders: "Bis du als studierter Forensiker eine leitende Stellung erlangst, bist du alt und grau."

Oft lässt mich Dominique wissen, dass dies die beste berufliche Entscheidung seines Lebens war. Später übernahm er auch meine Firma und unser Haus, was uns ermöglichte, 1993 nach Australien auszuwandern.

Vorher plante und verwirklichte ich den Einbau einer doppelstöckigen Wohnung über dem Büro in der angebauten Scheune, was mich ein Jahr meines Lebens kostete. Viel Geld wurde gespart, da ich sämtliche sanitäre Arbeiten selbst ausführte.

Zusammen mit einem Zimmermann erstellte ich auch die neue Dachkonstruktion.

Die Baufirma, welche alle Beton- und Maurerarbeiten ausführte, liess den Kran für weitere Arbeiten zu unserer Verfügung stehen.

Mein Darlingswife unterstützte mich mit Bedienen dieses

Monstrums beim Weiterausbau. Sie hatte dann nachts wegen der Handhabung des Krans, von luftiger Höhe aus, manchmal Albträume.

Der Wand- und Deckenverputz in der Maisonette wurde von einem Gipser ausgeführt, welcher als Bezahlung meine schöne 1942er Harley Davidson erhielt. Er brauchte drei Monate für diese Arbeit und nächtigte in seinem Wohnwagen neben unserem Haus.

Einmal wollte er eine Palette Gipssäcke mit dem Kran in die obere Etage befördern lassen. Er hatte die Säck auf der Palette nicht richtig gesichert. Als er die Säcke am oberen Fenster hereinheben wollte, stürzte alles hinunter und platzte auf. Zur selben Zeit fing es auch noch an zu regnen, was eine Riesensauerei ergab!

Der Umzug nach Australien wurde von langer Hand geplant und ergab nach dessen Verwirklichung eine weitere Kurve in meinem Leben. Ein Jahr vorher kauften wir im Südwesten von WA, in Busselton, ein grosses, parkähnliches Grundstück mit Haus. So wussten wir genau, welche Möbel wir mitnehmen sollten.

Mein Darlingwife hat monatelang alles eingepackt und registriert. Zum Glück war unser Hausflur gross genug, um alle Habseligkeiten vorübergehend dort unter zu bringen. Ein Schiffscontainer wurde zur rechten Zeit vor unserem Haus bereitgestellt, in den wir alles einräumten, auch meinen Willys

Jeep von der Schweizer Armee. Mein Sohn Dominique stand im Hauseigang mit einem Metermass bereit, um die von mir georderten Packgrössen herbei zu schaffen. Der Container wurde auf diese Weise bis auf den letzten Winkel gefüllt.

Australien, wir kommen!

Normalerweise beantragt man die Niederlassung für Australien von seinem Wohnland aus. Wir ver- brachten die Wartezeit bis zu dessen Erhalt als Ferienreisende in unserem Haus in Busselton.
Es hat zwei Jahre gedauert, bis wir nach bangem Warten unsere Niederlassung erhielten. Dafür war nachher die Einbürgerung umso einfacher.

Damals war der Chef vom örtlichen Postamt für die Formalitäten zuständig. Bei der Abgabe unserer Anträge sagte er zu uns: "Sagt mir Bescheid, wenn sich die Behörden nicht innerhalb von zwei Wochen bei euch melden. Ich mache denen dann Dampf".

Den neuen Bürgern wird die Urkunde normalerweise anlässlich einer öffentlichen Feier, z.B am AUSTRALIA-Day im Januar, übergeben. Unsere Einbürgerung fiel jedoch in den Monat August und somit durften wir uns einen anderen Tag auswählen.

Die Urkunden-Übergabe fand auf dem Gemeindeamt statt, gemeinsam mit dreissig neuen Freunden, welche wir anschliessend in ein Steakhouse zum Essen einluden.

Sofort nach unserer Ankunft trat Marcella der St. John Ambulance bei und wurde zum Ambulanz-Offizier ausgebildet. Wir beide traten dem Flying Doctor Fundraising Committee bei, in Marcellas irriger Annahme (!) wir würden zur Flugzeug-Wartung eingesetzt. Weil der Staat den Flying Docter Service nicht voll finanziert, gibt es überall im Land Committées, welche Geld dafür sammeln. Meine Aufgabe war es, Spenden wie Gartenschaukeln oder Landschaftsbilder für den Losverkauf zu organisieren.

So kamen jährlich in unserem Ort über 30.000 Dollar zusammen. Auch verkaufte ich zur Weihnachszeit vor den Einkaufszentren Lose mit Gewinnchancen für eine 3-Liter-flasche Whiskey. Dies erbrachte zusätzlich jeweils über 1000 Dollar.

Von den Rotariern wurde ich zu einer Sitzung eingeladen und nach kurzer Zeit als Mitglied aufgenommen. All dies wohlgemerkt, bevor wir unsere Niederlassung erhielten.

Unsere Möbel standen derweil in der grossen Garage auf unserem schönen Grundstück, während ich am Haus einige Abänderungen vornahm. Die Möbel konnten erst im letzten Moment vor deren Ankunft in der Garage untergebracht werden, da unsere damaligen Mieter sie unbefugt für ihre Zwecke genutzt hatten.

Der Mietschuppen, welcher im Notfall als Lager für unser Umzugsgut hätte dienen sollen, brannte zur selben Zeit aus. Unsere Möbel und den Jeep hätten wir in diesem Fall nicht mehr wiedergesehen.

Unser Haus bauten wir in den folgenden Jahren mehrmals um. Es erhielt neben anderen Erneuerungen eine neue Küche, neue Badezimmer und im grossen Wohnzimmer ein elektrische Fussbodenheizung.

Ausserdem erweiterten wir unser bestehendes Haus um einen grossen Sonnenraum und daran anschliessend ein Gästehaus.

Da ich keinen Architekten anstellte, beantragte ich selbst für die Bauarbeiten die behördliche Genehmigung.

Ein Rotarier-Kollege ist selbständiger Bauingenieur und empfahl mir zuverlässige Maurer und Elektriker. Als Entgelt für seine Baueingabe erhielt er mein grosses Zeichenbrett. Natürlich war ich selbst ständig auf dem Bau bereit zur Mithilfe. Alle Arbeiten wie Dachaufbau, Sanitär-Installationen, Fliesenlegen, Fussbodenheizung im Wohnhaus und Kücheneinbau wurden von mir erledigt. Grosse Mühe gab ich mir beim Verlegen von zirka 245m2 Bodenfliesen. In anderen Häusern sehe ich seitdem immer kritisch auf die gefliesten Böden.

Die ersten Jahre half ich noch meinem Sohn Dominique, technische Teile für sein Geschäft herzustellen.

Dies liess sich gut bewerkstelligen, da wir regelmässig nach Europa reisten.

Ein besonderes Erlebnis waren immer unsere Fahrradtouren, meistens entlang deutscher Flüsse, auch einmal an der Donau entlang bis nach Wien.

Die Grundstücke an unserer Strasse hier im Südwesten haben keinen Stadtwasser-Anschluss. Das Regenwasser wird in grossen Tanks gesammelt für die Verwendung im Haus.

Meinem Nachbarn zur linken Seite war diese Situation leid und fragte mich, ob vielleicht ein Anschluss an das Ortswassernetz verwirklicht werden könnte.

Zur selben Zeit war mein Sohn Jacques unser Nachbar zur rechten Seite. Unsere drei Grundstücke sollten nach Absprache gemeinsam angeschlossen werden. Auf dem angrenzenden Weideland sollte die Wasserleitung verlegt werden. Dafür benötigte ich die Einwilligung der Eigentümer. Es dauerte ein Jahr, bis ich dort eine vier Kilometer lange private Leitung an das offizielle Wassernetz anschliessen konnte. Mit grossem Genuss konsumieren wir seitdem dieses saubere Wasser, welches aus einer Tiefe von 700 bis 900 Metern gepumpt wird. Es braucht tausend Jahre, bis das Regenwasser in diese Tiefe dringt und dann von dort wieder aus unserem Wasserhahn fliesst.

In unserem Gästehaus beherbergen wir Freunde, gute Bekannte und Verwandte. Unser Gebäude befindet sich mitten auf dem grossen Grundstück, 100 Meter weit weg von einer nur von Nachbarn befahrenen Strasse. Die drei nächsten Nachbarhäuser sind über einhundert Meter entfernt. Man sieht diese kaum durch die Bäume. Wir geniessen hier die totale Ruhe; man hört nur die Vögel. Manchmal besucht uns ein riesiges Känguru.

Nur wegen der Giftschlangen "Dugites" und "Tigersnakes" muss man Vorsicht walten lassen.

Wenn ich hier gefragt wurde, was für ein Geschäft ich in der Schweiz betrieben habe und darüber berichtete, hiess es immer, so etwas braucht es auch in Australien. So meldete ich ein Geschäft unter dem Namen "Cleanelec" an, beantragte die staatliche Genehmigung vom Office of Energie, von Work Save. Dann kontaktierte ich Power Stations, Minengesellschaften und andere Grossbetriebe. Dies unter Mithilfe des Rotary-Kollegen und Freundes John. Bald musste ich allerdings feststellen, dass, anders als in der Schweiz, hier mit Unternehmen kein persönlicher Kontakt zustande kommt; nur über E-Mails, welche in der Regel dann nicht beantwortet werden.

Bei einer Sandmine, welche grosse Probleme mit Verschmutzung elektrischer Anlagen hatte, durfte ich mein System nicht einmal vorführen. So liess ich das Geschäft ruhen und spiele stattdessen lieber Golf.

Höhepunkte während meiner Golfspielszeit waren eimal ein so genanntes „Hole in One" während eines Wettspiels hier und mehrere während Freundschaftsspielen, der Gewinn einer Senior-Meisterschaft und die Erwähnung meines Namens in der West Australien Zeitung als Gewinner eines Wettspiels in Busselton neben dem Weltklassespieler Tiger Woods, welcher zur selben Zeit den US Ryder Cup gewann.

Das war 2004, als ich noch auf einem Handicap von 11 spielte.

Im Zusammenhang mit meinem Golfspiel entstand mein drittes Patent. Es gab Golfer, welche beim Spielen Bier oder Limonade aus Blechdosen tranken. Bevor sie den Ball schlugen, stellten sie die halb geleerten Dosen neben sich auf den Rasen. Eine Wespe in der Flüssigkeit hätte dem Golfer beim Weitertrinken grösste Probleme bereiten können. So kam ich auf die Idee, mit Abändern des Verschlusses die Trinköffnung der Dose wieder abzudecken.

Mit einem minimalen Mehraufwand bei der Dosenherstellung wäre dies möglich gewesen. Bevor ich an die Hersteller gelangte, liess ich meine Idee patentieren. Leider war keine

Dosenfirma daran interessiert, ihre Produktion entsprechend umzustellen.

Zum Schluss kontaktierte ich Coca Cola in Atlanta, USA.

Ich erinnere mich noch an die 50er Jahre und meine ersten Coca Cola-Flaschen. Beim Öffnen des Verschlusses blieb immer die Hälfte der damaligen Korkdichtung am Flaschenhals kleben. Ein Däne, welcher in der Raumfahrt tätig war, kam auf die Idee, den Kork durch Teflon zu ersetzen. Provisionen von Coca Cola machten ihn zu einem schwerreichen Mann.

Schon sah ich mich in einer ähnlichen Situation, bis Coca Cola mir mitteilte, dass sie nur mit bisherigen Geschäftspartnern und eigenen Entwicklern zusammen arbeiten.

Auch diesmal ging ich leer aus, aber das Ersinnen von neuen Lösungen hat mich immer gereizt.

An meiner selbständigen Tätigkeit seit 1977 habe ich viel Freude gehabt. In der Zwischenzeit ist mein technisches Wissen bei meiner ehemaligen Firma nicht mehr gross gefragt. Aber mein Sohn Dominique, der neue Inhaber, telefoniert mit mir ausgiebig jeden Sonntag Abend und hält mich auf dem Laufenden.

Damit meine technischen Fähigkeiten nicht ganz verlorengehen, baue ich grosse Gartendekorationen wie Wasserräder, Mobiliés, und Skulpturen. Ausserdem erledige ich sämtliche mechanischen und elektrischen Reparaturen auf unserem Grundstück. Auch dessen Unterhalt braucht seine Zeit. Eine grosse fünfeckige Liebeslaube sollte von mir auf Wunsch meines Darling-wifes gebaut werden und wurde nach Fertigstellung von ihr mit einer selbstgetöpferten Tonspitze gekrönt. Mein Freund Paul unterstützte mich tatkräftig beim Bau der Laube während eines seiner Aufenthalte bei uns.

Schon als Teenager hatte ich verschiedene Vorkriegs-Oldtimer, welche ich mir vom Schrottplatz besorgte. Nacheinander je einen 1938er Ford Eifel, einen 1939er DKW-Zweitakter mit Frontantrieb und einen 1935er Hanomag Kurier mit hydraulischen Bremsen.

Diese Autos fuhr ich jeweils einige Monate, bis sie dann schlussendlich den Geist aufgaben. Heute wären sie restauriert ein Vermögen wert. Bei der amtlichen Anmeldung auf dem Strassen-Verkehrsamt gab es damals keine technische Fahrzeug-kontrolle, so fielen auch die bis auf die Leinwand abgefahrenen Reifen nicht auf. Die Autos waren jeweils vor unserer Wohnung am Strassen-rand parkiert. Zum Ärger unserer Nachbarn führte ich oft bis spät-abends Reparaturen durch, damit ich am Wochenende eine Spritztour mit Freunden unternehmen konnte.

Das Benzin wurde von mir an der Tankstelle in Flaschen abgefüllt, wobei ich die Hälfte davon vor einer Ausfahrt in den Tank füllte.

Wir fuhren dann soweit, bis das Benzin im Tank verbraucht war. Dann wurde der Inhalt der restlichen Flaschen in den Tank gefüllt. Damit war die Rückfahrt gesichert. Mehr Benzin konnte ich mir nicht leisten, denn das Geld war knapp.

Den aus der Schweiz mit-gebrachten Willys Jeep habe ich hier nach zehn Jahren in Perth verkauft. Den Erlös investierte ich in einen 1959er Mercedes 220, nach dessen Verkauf in einen 1950er Chrysler-Desoto, einen schweren Amischlitten.
Jetzt fahre ich einen 1993er Volvo 940 GL, welcher schon fast 400.000 km unrestauriert auf dem Buckel hat und tadellos läuft.
Mein Darlingwife fährt ein neueres Auto, einen Toyota RAF 4.

Viele Teile Australiens haben wir bereist; alle Bundesstaaten inklusive Tasmanien. Allerdings weder mit Wohnwagen noch mit langen Autotouren. Wir bevorzugen das Flugzeug oder den Zug und mieten vor Ort ein Auto, um dann die Gegend zu erkunden.

Interessante Informationen erhalte ich von einem echten Australier, meinem Freund Pete, welcher mich «Aussie» nennt. Er reist jedes Jahr für drei Monate ins Outback.
Unterwegs ist er mit grossem Zugwagen und Wohnanhänger, auf dem sich auch ein kleines Geländefahrzeug befindet. In diesem allradgetriebenen Fahrzeug, befinden sich ein Gewehr, eine Filmkamera und eine Drohne für Film-Dokumentationen aus luftiger Höhe.

Er kennt mehr als 50 riesige Farmen, sogenannte Stations, welche sich manchmal über hundert Kilometer erstrecken und auf welchen Rinder- und Schafzucht betrieben werden.

Er beteiligt sich am Zusammen-treiben (mustering) von Vieh-herden, zum Teil vom Helikopter aus; berichtet von Zusammen-treffen mit Krokodilen, Schlangen, Wasserbüffeln, Aborigines und macht unzählige Filmaufnahmen für TV-Berichte und Museen.

Bei seiner Rückkehr zeigt er mir dann seine Videos, welche ich mir gern mit ihm zusammen bei einem Bier ansehe.

Sohn Dominique (in der Schweiz) liess es sich nicht nehmen, nach unserem Wegzug den alten Hausteil total umzubauen, wobei seine Frau Ursi ihn mit ihren Ideen tatkräftig unterstützte.

Heute ist das ehemals heruntergekommene Bauernhaus eine Augenweide.

Sohn Jacques hat sich 20 km entfernt von uns (hier in OZ) auf einem sechzig Hektar grossen Grundstück ein neues Haus gebaut. Er lebt dort mit seiner zweiten Frau, Heryati, welche aus Singapur stammt und uns oft mit einem ausgezeichneten Essen verwöhnt.

Kurz nach unserer Ankunft hier traf ich einen alten Chinesen aus Singapur, mit dem ich mich anfreundete. Er war Meister in allen Klassen der traditionellen chinesischen Medizin und bot mir an, mich in den zugehörigen Übungen zu unterweisen.

Zuerst brachte er mir das Qigong-18-movements bei, dann das Wuchi-8-movements. Jeweils ein Movement pro Mal, welches ich zuhause drei Tage lang üben musste. Zum Schluss brachte er mir auch noch eine Übung gegen Prostataleiden bei. Er war sehr streng und sagte: "Ich merke es , wenn du nicht genug geübt hast. Dann höre ich auf, dich zu unterweisen, damit du nicht meine und deine Zeit versäumst".

Die intensive Instruktion dauerte ein Jahr, dann folgten weitere zehn Jahre Unterweisung.

Am Ende sagte er: "Du brauchst keine weiteren Informationen mehr, jetzt bist du selbst ein Meister."

Ein schönes Zertifikat hängt seitdem an einer Wand in unserem Sonnenraum mit dem sinnigen Spruch:

"Movement exercise promotes physical fitness and good health". Frei übersetzt: Die Übungen fördern die körperliche Form und eine gute Gesundheit. Vor diesen Übungen trainiere ich zum Aufwärmen in meinem privaten Fitnessraum.

Es ist interessant, was man für Antworten erhält, fragt man Leute nach den wichtigsten Dingen in ihrem Leben.

Dann heisst es meistens: Die Kinder, die Ehefrau oder sonstige Angehörige. Mein Kommentar ist dann: "Du und deine Gesundheit sind das Wichtigste.

Nur wenn du gesund bist, kannst du dich um deine Liebsten entsprechend kümmern."

Die vorher erwähnten Übungen ergeben die bisher letzte Kurve in meinem Leben.

Die drei besten Dinge, welche mir in meiner zweiten Lebenshälfte widerfuhren, sind: Dass ich mein Darlingwife Marcella getroffen habe; dass wir nach Australien ausgewandert sind und dass mich mein Meister David Lee in den chinesischen Übungen unterrichtet hat, welche ich seit Jahrzehnten regelmässig praktiziere.

Meine ersten vierundzwandzig Lebensjahre in Deutschland wurden übertroffen durch meinen neunundzwandzig Jahre währenden Aufenthalt in der Schweiz.

In der Zwischenzeit leben wir hier seit mehr als 28 Jahren und ich hoffe, dass wir noch viele gemeinsame und interessante Jahre daranhängen können.

Zu meinem 82. Geburtstag erhielt ich ein unerwünschtes, schmerzhaftes Geschenk: Einen Bandscheibenvorfall. Bis dahin bin ich beim Golfspielen immer die jeweils 10 km gelaufen.Trotz Schmerzen ist es mir gelungen, die letzte Klubmeisterschaft in meiner Kategorie zu gewinnen.

8 Reisen

Wenn jemand eine Reise tut, so kann er
was erzählen....   Matthias Claudius

Zum Baikalsee

Vor Jahren hatten wir die Gelegenheit, mit deutschen Zöllnern, Arbeitskollegen meiner Mutter, an einer zweiwöchigen Studienreise in die damalige UdSSR teilzunehmen.

Mit einer Ilyushin flogen wir von Frankfurt nach Moskau. Einbuchen in der 10. Etage eines Hotels. Statt Benutzen des überfüllten Lifts gingen wir die Feuertreppe hinunter. Böse Überraschung im Parterre, denn die Tür dort war verschlossen. Deshalb gingen wir wieder treppauf, doch auch in allen darüberliegenden Etagen waren die Türen verschlossen.

So endeten wir wieder an der offenen Tür in der zehnten Etage und mussten den Lift nach unten nehmen.

Bei einem Spaziergang in der Stadt sahen wir Fahrräder, welche in den oberen Stockwerken der Häuser aussen an den Balkon-Geländern hingen. Bei den parkierten Autos fehlten die Aussenspiegel und die Scheibenwischer, wohl um Diebstahl zu verhindern.

Weiter ging es mit einer Antonov nach Alma Ata, der Hauptstadt Kasachstans am Rand des Altai-Gebirges. Die Stadt hat ihren Namen von den dortigen Apfelbäumen. (Alma = "Apfel" und Ata = "Väterchen bzw. Grossvater").

Von dort flogen wir nach Taschkent, der Hauptstadt Usbe-kistans und wurden im 23. Stock eines Hotels untergebracht. Infolge von Erd-beben hatten sich in den Wänden Risse gebildet, in welche ich meinen Arm bis zu den Schultern hineinstecken konnte.

In der Nacht wurden wir durch lautes Knallen geweckt. Vom Balkon aus sahen wir, wie sich auf der gegenüber liegenden Olivenplantage ein Feuer ausbreitete. Wir konnten zusehen, wie die Feuerwehr langsam alles unter Kontrolle brachte. Nur ein Fahrradfahrer vollführte einen Salto Mortale, als er über den prallen Spritzschlauch radelte.

Mit dem Taxi fuhr ich am nächsten Tag zu einem Laden mit Militärartikeln und kaufte Gürtel, Käppi und Abzeichen, welche ich zum Gaudi meiner Mitreisenden später beim Abendessen trug.

Die erste Station unserer Sibirien-Reise führte nach Irkutsk. Von dort mit einem Tragflügelboot auf dem Fluss Angara zum Baikalsee. In einiger Entfernung sahen wir die Transsibirische Eisenbahn vorüberfahren.

Bei den Ausflügen in die Taiga faszinierte der Farbdreiklang der erwachenden Natur: Das erste Grün der Birken, das leuchtende Weiss ihrer Stämme und die rosa Blüten der wildwachsenden Azaleen.
Zurück in Irkutsk flogen wir zum 600 km nördlich gelegenen Ort

Bratsk. Die Stadt in der Taiga war bekannt nach dem gleichnamigen zweitgrössten Wasserkraftwerk der Welt.

Vor unserem Rückflug nach Frankfurt machten wir nochmals Zwischenhalt in Moskau. Dort besichtigten wir den Roten Platz, den Kreml, das Kaufhaus GUM und die Untergrund-Metro. Zu dieser führen zwei lange Rolltreppen mit hoher Geschwindigkeit hinunter auf die wohlgelüfteten Bahnsteige. Deren Wände sind reich dekoriert mit herrlichen Mosaiken. Im Mausoleum sahen wir den einbalsamierten Leichnam Lenins.

Auf der ganzen Reise wurden wir in den Hotels in separaten Speisesälen, fern von den russischen

Gästen, verpflegt. Fotografieren von Bahnhöfen, Flugplätzen, Stauseen und weiteren interessanten Objekten war verboten. Alles in allem jedoch war diese Studienreise ein besonderes Erlebnis.

Nach Fitzroy Crossing

Auf den Spuren einer bemerkens-
werten Beerdigung.

Vor einigen Jahren berichtete mir
ein Freund über eine ausser-
gewöhnliche Beerdigung in den
Kimberleys, im Nord-Westen
Australiens.

Diese Beerdigung fand um 1960 in
Fitzroy Crossing statt, einem
kleinen Ort am Fitzroy River. Ich
war von dieser Geschichte so
fasziniert, dass ich diesen Ort
aufsuchen musste.

Meine Reise begann am südlichsten
Zipfel von West-Australien, wo
Pazifischer- und Indischer-Ozean
zusammentreffen. Gut drei
Stunden dauerte die Autofahrt

nach Perth, der Hauptstadt von West-Australien, dann weiter mit einem Linienflug nach Broome in zweieinhalb Stunden. Von dort noch 300 km mit dem Postflieger nach Fitzroy Crossing. Der einzige Anhaltspunkt für ein Flugfeld dort ist ein Luftsack neben der Piste.

Ein Geländewagen stand bereit. Es stellte sich heraus, dass der Fahrer namens Peter damals bei der Beerdigung anwesend war und mir diese Geschichte im Detail bestätigte. Das Grab existiert leider nicht mehr, aber ich erfuhr interessante Einzelheiten, welche ich dem Leser nicht vorenthalten möchte. Die Übersetzung ins Deutsche entspricht dem folgenden Originalbericht:

Peter bohrte mit einigen Kumpels nach Grundwasser neben einem Pub (Gaststätte) und dabei starb Old George. Dieser grosse, schwere Mann sollte auf dem Pionier-Friedhof beerdigt werden. Ein roher Rahmen wurde hergestellt von Peter, Stuart und einem Polizisten namens Boysie, um den Leichnam auf einem "Vanguard Ute" (Utility Vehicle), einem englischen Auto mit Ladefläche, dorthin zu transportieren.

Die Beerdigung zog sich ein paar Tage hin und ohne Möglichkeit zur Kühlung stank Old George zum Himmel. Vorerst ging es mit dem Verstorbenen auf der Ladefläche zur Kirche, wo eine kurze Andacht abgehalten wurde. Man muss sich diese Kirche als einfache Well-blechhütte vorstellen.

Anschliessend ging die Fahrt weiter Richtung Friedhof. Die Strasse war rauh und uneben, Peter und Stuart waren angetrunken und fuhren leichtsinnig. Die Fahrt ging ein Stück am Fluss entlang, dann über eine kleine Brücke. Am Ende rutschte Old George von der Ladefläche und fiel in den Fluss. Sie hielten an, zogen ihn an Land und hoben ihn zurück aufs Auto. Peter sagte: Old George ist über und über mit Schlamm bedeckt, so können wir nicht mit ihm auf dem Friedhof erscheinen. Fahren wir zum Pub und fragen die Wirtin, was wir machen sollen. Im Pub sagte diese, geht zur Veranda, nehmt den Überwurf vom Bett und wickelt Old George damit ein.

Auf dem Friedhof war das Grab schon ausgehoben und Old George wurde hinuntergelassen. Pastor Ted hielt eine kurze Predigt und die wenigen Anwesenden hatten Tränen in den Augen. Es wohnen nur ein paar weisse Australier in dieser Gegend, alles Abkömmlinge von ehemals von England nach Australien deportierten Strafgefangenen.

Am Ende der Zeremonie zeigte die Wirtin vom Pub mit dem Finger in das offene Grab. Sie wollte ihren Bettüberwurf zurück. Peter musste in das Grab steigen und Old George auswickeln. Anschliessend gingen alle zu einem Umtrunk zurück ins Pub. Peter fragte die Wirtin, ob er den Bettüberwurf zum Waschen bereitlegen soll.

Nein sagte die Wirtin, leg das Ding wieder über das Bett.

So war es damals, es gab noch keine Touristen, nur einfache Leute wie Peter, welche manchmal dort übernachteten.

Bevor ich zurück nach Broome flog, machte ich mit Peters Enkel noch einen zweistündigen Bootsauflug auf dem Fitzroy River zur Schlucht namens Geikie Gorge. Er gab mir den guten Rat, die Hände nicht in den Fluss zu halten wegen der darin schwimmenden Krokodile.

Fahrradtour nach Schweden

Im dritten Lehrjahr sparte ich von der so genannten "Erziehungs-Beihilfe", welche monatlich 45 D-Mark betrug und eigentlich meinen Eltern zustand, einhundert Mark. So konnte ich mir in den vierwöchingen Sommerferien einen Traum erfüllen: Eine Fahrradtour nach Schweden.

Sie begann mit einer Zugsreise nach Grossenbrode, dem damaligen Fährhafen nach Gedser/Dänemark. Mein Bahnticket galt nur bis Grossenbrode, aber ich blieb im Zug, da der Schaffner die Türen abschloss, bevor der Zug auf die Fähre "Deutschland" rollte. So sparte ich zwar die Kosten für die Fähre, mein Fahrrad blieb aber in

Grossenbrode zurück. Grosszügig erlaubte mir der Bahnhofsvorsteher im Bahnhof von Gedser auf einer Holzbank zu übernachten. Er arrangierte auch den Transport meines Fahrrades mit der Fähre am nächsten Morgen.

Die 160 km bis nach Kopenhagen schaffte ich an einem Tag trotz Gegenwind. Am selben Tag besuchte ich dort noch den Vergnügungspark "TIVOLI".

Auf der ganzen Reise übernachtete ich in Jugendherbergen. Meine Mahlzeiten bestanden hauptsächlich aus Cornflakes, welche in Milch eingeweicht wurden.

Weiter ging es mit dem Fahrrad nach Helsingör, von dort mit der Fähre nach Helsingborg/Schweden; diesmal mit einem gekauften Ticket.

Von dort Richtung Norden mit Zwischenhalt in Halmstad, Falkenberg, Varberg und Kungsbacka bis nach Göteborg. Damals fuhr man dort noch auf der linken Strassenseite.

Es herrschte bestes Sommerwetter. Achtzig Kilometer vor Göteborg machte ich Rast am Strand. Ein hübsches Mädchen beobachtete mich, bevor ich weiterfuhr. In Göteborg hielt ich mich einige Tage auf und wollte etwas Geld verdienen. Hatte aber kein Glück als Tellerwäscher bei der Bewerbung in einem Hotel.

So dachte ich an das hübsche Mädchen am Strand und fuhr auf gut Glück die 80 km zurück; traf es aber leider dort nicht an und schlief statt dessen am Strand ein wobei ich mir an beiden Armen einen starken Sonnenbrand holte.

Auf der Fähre von Göteborg nach Frederikshavn traf ich ein dänisches Mädchen, welches auch mit dem Fahrrad unterwegs war und zurück nach Odense auf die Insel Fünen radeln wollte. Eine ganze Woche verbrachten wir zusammen. Trotz Sprach-Schwierigkeiten verstanden wir uns bestens. In Fredericia trennten sich unsere Wege. Das Mädchen radelte weiter nach Odense und ich nach Flensburg.

Die Ferien gingen dem Ende zu und ich wartete in Flensburg auf die Abfahrt des Zuges Richtung heimwärts.
Das Feriengeld war aufgebraucht. Die letzten zwei Tage hatte ich

nichts mehr gegessen, um eine gesparte Zweikronenmünze als Andenken mit nach Hause nehmen zu können.

Im Zug sass ich gegenüber einer Frau mit zwei Kindern, welche mit Genuss die mitgebrachten Butterbrote verspeisten. Mir lief das Wasser im Mund zusammen. Nachher wurde eine Tüte mit Bonbons herumgereicht. Mir wurde auch ein Bonbon angeboten. Ein Stück Brot wäre mir aber lieber gewesen. Enttäuscht sagte ich deshalb: Nein danke.

Mit dem Opel Kapitän nach London

Mein guter Freund Dieter wurde von der Schweizer Firma, bei der wir beide arbeiteten, 1968 nach London versetzt. Seinen Opel Kapitän liess er unter meiner Obhut zurück.

1971 machte er mir den Vorschlag, zusammen mit ihm und seiner Freundin mit diesem Auto über Wien nach London zu fahren.

Da ich meinen deutschen Pass verlängern lassen musste, fuhr ich nach Basel zur deutschen Botschaft. Dort wurde mir lange erklärt, dass dies nicht sofort möglich wäre; ich sollte es doch auf dem Landratsamt in Bad Säckingen (D) versuchen.

Es war schon recht spät, als ich auf den grossen, leeren Parkplatz dort fuhr. Vor der verschlossenen Eingangstür stehend, öffnete sich ein weissgetünchtes Klofenster. Was ich hier wollte, wurde ich gefragt.

Mit dem Pass wedelnd, bat ich um Verlängerung desselben. Na dann reichen sie ihn mal herein, sagte mir die Person. Mein Pass wurde freunlicherweise, jedoch nicht ganz regelkonform, auf diesem Landratsamt verlängert.

Über den Vorarlbergpass fuhren wir ein paar Tage später zu dritt von Baden (CH) aus nach Wiener Neustadt. Mein Freund besuchte kurz seine Mutter in Graz, während meine Wenigkeit in dieser Zeit Ausflüge mit seiner Freundin und deren Schwester an den Neusiedlersee machte. Untergebracht wurde ich bei den Eltern der Freundin.

Nach Dieters Rückkehr aus Graz fuhren wir nach München und dort ging es sofort ins Hofbräuhaus. Wir bestellten drei Mass Bier, das damals noch in Steinkrügen serviert wurde. Bevor ich zahlte, wollte ich feststellen, ob die Krüge korrekt gefüllt sind. Mit meinem Mass konnte ich tatsächlich die anderen zwei auffüllen, ohne dass diese überliefen.

Damit fing der Streit mit der Kellnerin an: Ich sollte drei Mass bezahlen, aber ich weigerte mich. Ein Rausschmeisser wurde aufmerksam auf uns, wurde aber durch einen betrunkenen Gast abgelenkt. Wir nutzten die günstige Gelegenheit, um uns schleunigst zu entfernen, ohne natürlich zu zahlen und das Bier getrunken zu haben.

Dafür nahmen wir noch einen leeren Krug und die Speisekarte mit. Später wurden die Stein- durch Glaskrüge ersetzt, was natürlich den Gästen ermöglichte, die korrekte Füllung der Krüge zu kontrollieren.

Über Calais und Dover kamen wir endlich in London an. Unterwegs schliefen wir im Auto. Nach unserer Ankunft in London ging Dieter umgehend seiner Arbeit nach, während ich eine Woche lang tagsüber ohne Pause die bekanntesten Sehenswürdigkeiten aufsuchte: Lord Nelsons Grabmal in der Krypta der St. Pauls Kathedrale und oben die Whispery Kuppel.

Besonders beeindruckt hat mich in der Katakombe Nelsons grosser eiserner Leichenwagen in Form eines Schiffs. Dann das Imperial War Museum, die Tate Galery,

Madame Tussauds Wachskabinett, Tower Bridge, die Wachablösung am Buckingham Palace und vieles mehr. Natürlich durfte auch ein Besuch des ältesten Riverside Pub Londons, "The Prospect of Whitby", nicht fehlen.

Mit dem Zug trat ich nach dieser erlebnisreichen Reise meine Heimfahrt an.

Ein englischer Arbeitskollege, dem ich nach meiner Rückkehr von meinen Besichtigungen in London berichtete, war beeindruckt. Er sagte, dass er bis jetzt nicht so viel dort gesehen hätte, wie ich in dieser einen Woche.

Mit der Bahn nach Nancy

Bevor ich mich nach meiner Lehre bei einer Lastwagenfirma in Norddeutschland weiter fortbildete, wollte ich noch eine kleine Reise unternehmen. Ein unverhoffter Besuch bei einem Freund war vorgesehen, welcher in Waldshut in einem Reisebüro arbeitete. Das Bahnticket dorthin kostete mich nichts, da mein Vater bei der Bundesbahn arbeitete.

In Kehl unterbrach ich die Hinreise und fuhr nach Strassburg. Die astronomische Uhr in der gotischen Kathedrale Notre-Dame wollte ich mir unbedingt ansehen. Gern wäre ich weiter nach Paris gefahren, aber mein Geld reichte nur für ein Bahnticket bis Nancy.

Dort angekommen, bewunderte ich die grosse Blumenuhr im Park und machte mir Gedanken, wie ich eine Woche Aufenthalt finanzieren könnte.

Mit meinen spärlichen Französisch-Kenntnissen fragte ich mich durch zum Gymnasium und wartete auf ältere Schüler.

Zu dieser Zeit sprach in Frankreich kaum jemand deutsch. Als eine Gruppe Schüler herauskommt, spreche ich sie an und frage, ob sie jemanden kennen würden, bei dem ich arbeiten könnte.

Ein Schüler nimmt mich gleich zu seinem Onkel mit, welcher eine Kleiderfabrik betreibt.

Der Onkel führte mich in den ersten Stock in eine Halle, in welcher junge

Mädchen und Frauen an Näh-
maschinen arbeiten.
Alle Augen richten sich auf mich,
den grossen Blonden.

In der Mitte der Halle stand eine
Dampf-Bügelmaschine auf einem
Podest, welches für eine Woche
mein Arbeitsplatz wurde.

Sofort musste ich anfangen, die
Säume der halbfertigen Kleider
flach zu bügeln. Mein Tageslohn
reichte gerade für die Über-
nachtung in einem kleinen Hotel und
eine Mahlzeit pro Tag.

Am Ende der Woche erhielt ich von
einem der Mädchen eine Einladung
zu ihrer Geburtstagsfeier.

Bei ihren Eltern gab es zuerst ein
Abendessen und dann ging es zum
Stadtplatz, wo die "Traber-

Hochseilartisten" ihre Kunststücke vorführten. Freunde meiner Gastgeber gesellten sich zu uns. Gefeiert wurde bis in die frühen Morgenstunden.

Dann begleitete mich die ganze Gesellschaft zum Bahnhof und überreichte mir zum Abschied mit grossem Hallo eine Baguette nebst einer Flasche Rotwein für die Weiterreise.

Als ich in Waldshut ankam, traf ich meinen Freund leider nicht an und begab mich deshalb direkt auf die Heimreise.

In Karlsruhe stieg ich, mit leerem Magen, aber wohlgemut, aus und machte mich auf den Weg zu einem syrischen Studenten, welcher dort studierte und den ich während meiner Lehrlingszeit kennengelernt hatte. Zum Glück traf ich ihn an und wurde auch herzlich bewirtet.

Zum Abschied gab er mir noch eine Büchse Bier mit, welche ich aber auf der Heimfahrt nur mit einem speziellen Hebel hätte öffnen können. Nach mehreren gewaltsamen Versuchen, an den Inhalt der Büchse zu gelangen, hatte sich darin ein grosser Druck aufgebaut. Schlussendlich gelang es mir, ein Loch in den Deckel zu stechen. Der ganze Inhalt spritzte sofort unter hohem Druck im Abteil herum. Getränke konnte man damals im Zug nicht kaufen, deshalb kam ich nach langer Bahnreise sehr durstig zu Hause an.

Traumziel Opatija

Mein Bruder trat nach seiner Lehre als Feinmechaniker eine Stelle in der Schweiz an. Im Sommer 1958 besuchte ich ihn in Zürich. Vorher besorgte ich mir ein Visum für das damals kommunistische Jugoslawien, ohne vorher meine Eltern um Erlaubnis zu fragen.

Da mein Vater bei der Eisenbahn erbeitete, erhielt ich Gratisfahrscheine für Bahnreisen in ganz Deutschland. So buchte ich ein Ticket von Norddeutschland nach Triest, über Zürich, Mailand und Venedig mit geringem Aufschlag für das Ausland. In Zürich konnte ich für ein paar Tage bei den netten Wirtsleuten meines Bruders unterkommen.

Den Tag verbrachten wir dann im Freibad, den Abend im Niederdorf in Kneipen. Vor meiner Weiterreise stockte mein Bruder grosszügigerweise meine schmale Reisekasse auf.

In Mailand hatte der Zug vor der Weiterreise nach Venedig eine knappe Stunde Aufenthalt. Diese nutzte ich, um mir den Dom anzusehen. Jacke und Reisetasche liess ich im Abteil. Bei der Rückkehr zum Bahnhof fand ich zuerst den Zug nicht mehr. Er hatte das Gleis gewechselt, doch ich konnte im letzten Moment vor Abfahrt des Zugs nach Venedig auf den hintersten Wagon aufspringen. Im Abteil angekommen, war ich erleichtert, meine Sachen noch vorzufinden.

Venedig war damals ein Traum. Man sah sehr wenige Touristen und konnte sich überall ungehindert bewegen. Weiter ging es mit dem Zug nach Triest, wo mir ein Einwohner die Katakomben zeigte. Dann ging es mit dem Bus über Rijeka nach Opatija an die Adria, meinem Reiseziel.

Auf der Suche nach einer günstigen Unterkunft betrat ich ein Kaffee-haus. Alte Männer spielten dort Karten oder unterhielten sich. Beim Eintreten richteten sich alle Blicke auf mich. Einer von den Anwesenden kam auf mich zu und sprach mich auf deutsch an. Bei ihm daheim fand ich Unterkunft in einem Anbau des unscheinbaren Anwesens am Hang, wo mir seine Frau ein Nachtlager einrichtete.

Beim Frühstück am nächsten Morgen auf der lauschigen Terasse fragte ein Engländer am Gartentor, ob er sich auf dem richtigen Weg zur Kapelle auf dem Berg befände. Nach Rücksprache mit meinem Wirt schloss ich mich dem Wanderer an. Oben angekommen, genossen wir auf einer Friedhofsbank die Sonne und unterhielten uns ausgiebig. Dabei erfuhr ich, dass mein Gesprächspartner, welcher doppelt so alt war als ich, mit Freunden in einem Hotel am Strand logierte. Er lud mich ein, am Abend mit ihnen zu speisen. Wir verbrachten einige Tage zusammen und ich ruderte meinen neuen Freund namens Harry aus Scarborough sogar einmal über die ganze Bucht bis nach Rijeka.

Meine Reise nach Opatija fand damit einen denkwürdigen Abschluss. Mit Harry verband mich noch eine langjährige Brieffreunschaft.

Zu den fünf Königsstädten

Unsere Rundreise zu den fünf Königsstädten in Marokko begann in Al Hoceima mit einer Busreise durch das Rifgebirge über Ketama nach der alten Königsstadt Meknes. Ein kurzer Abstecher führte nach Moulay Idriss, der heiligen Stadt der Muselmanen. In Meknes befindet sich das schönste Stadttor Marokkos.

Weiter ging es nach Rabat, der heutigen Hauptstadt, mit dem berühmten Hassanturm und der riesigen Moschee mit Minarett; sowie das sehenswerte Mausoleum Mohammeds V. Auch die maurischen Gärten und der Königspalast waren ein Besuch wert.

Über Casablanca fuhren wir nach Marrakesch, einer weiteren Königsstadt am Fuss des Hohen Atlas. Sehenswert sind hier die Saadier-Gräber, die Moschee Kutubia und das schönste Stadttor von Marrakesch, Bad-Agnaou.

Besonders eindrücklich ist die Altstadt mit den Souks. Zu besichtigen sind hier Färber, Schuhmacher, Sattler, Kupfer- und Messingschmiede. Auf dem Platz der Gaukler wurden wir Zeugen einer dreisten Abzocke. Drei Männer mit einem Pappkarton als Tisch veranlassten einen Touristen, mit ihnen zu wetten. Sie warfen eine lange, Schnur in Schlingen auf den Karton. Dann platzierten sie den Finger des Touristen in eine der Schnurschlingen und zogen die Schnur weg.

Gewonnen wurde nur, wenn der Finger in der Schlinge hängen blieb, was auch zuerst der Fall war. Der Tourist glaubte leichtes Spiel zu haben und setzte beim zweiten Versuch einen höheren Geldbetrag. Natürlich verlor er diesmal und die drei Gaukler verschwanden schleunigst mit dem Einsatz in der Menge, da ein Polizist auftauchte.

Fes, die erste Königsstadt, war die nächste Station. Sie ist das kulturelle und religiöse Zentrum des Landes mit der Koranschule Bu-Inania-Medresse. Die Weiterfahrt führte durch den Mittleren Atlas, vorbei an Flüssen und malerischen Berberdörfern.

Nach einer 9-tägigen erlebnisreichen Rundreise gelangten wir wieder zurück an unseren Ausgangsort Al Hoceima, wo wir noch 3 Tage Badeferien genossen. Bei einer Wanderung in die Umgebung gelangten wir an das lokale Feuerwehrgebäude. Ein Mann war mit Aufräumarbeiten beschäf-tigt. Da ich in meinem Wohnort Mitglied der Feuerwehr war, fragte ich diesen, ob ich ein Abzeichen als Andenken erwerben könnte. Er ging in das Gebäude und kam mit dem Kommandanten zurück. Dieser überreichte mir ein Käppi. Nach einer kurzen Unterhaltung lud er uns auf den Abend hin zu sich nach Hause ein. Seine Frau bereitete ein feines Kuskus zu, durfte selbst aber nach morokkanischer Sitte nicht zusammen mit uns am Mahl teilnehmen.

Nach der grosszügigen Gastfreund-
schaft und einer interessanten
Unterhaltung verabschiedeten wir
uns dankend.
Wir schätzen es immer ausser-
ordentlich, mit fremden Kulturen in
Kontakt zu treten.

Mit dem Zug 8000 km durch Australien

Am Ende dieser Geschichte wird von einem unerwarteten Zusammentreffen mit einem schwarzen Wasserbüffel in der Nähe von Darwin berichtet, welcher mein Darlingwife und mich fast über den Haufen gerannt hätte.

Unsere Reise begann in Perth, West-Australien mit dem Indian Pacific Zug nach Adelaide, Süd-Australien, mit einem ersten Halt in Kalgoorlie (600 km östlich von Perth). Wir wollten unbedingt die grösste offene Goldmine sehen, welche heute 3.5 km lang, 1.5 km breit und 360 Meter tief ist. Patrick Hannan fand 1893 dort in der Nähe einen riesigen Goldklumpen und löste damals einen gewaltigen Ansturm von Gold-suchern aus.

Erzählt wird auch eine Geschichte über einige Mineure, welche später einen Tunnel zu einem nahe-liegenden Gasthofkeller gruben, um an das dort gelagerte Bier zu gelangen.

Sehenswert ist auch die so-genannte «Two Up School», ein Wellblechschuppen, wo es in ganz West-Australien, und nur dort, ganzjährig erlaubt ist, in der Öffentlichkeit zu wetten. Zwei Münzen werden in die Höhe geworfen und dann wird fest-gestellt, ob sie auf der Vorder- oder Rückseite zum Liegen gekommen sind.

Grosse Geldsummen wechseln dabei den Besitzer.

Die Teilnehmer zeigen ihr gewünschtes Ergebnis mit den Händen an: Entweder beide am Kopf, beide am Hinterteil, oder je eine Hand an Kopf und Hinterteil. Es ist faszinierend, dort zuzusehen oder mitzumachen.

Die Zugsfahrt mit dem Indian Pacific von Perth nach Adelaide, Südaustralien, ist ein absolutes Muss. Im komfortablen Schlafabteil mit Dusche und Toilette lässt sich die über zwei Nächte dauernde Reise gut überstehen. Durch die Nullabor-Wüste führt die Bahnlinie schnurgerade über fast 500 km. Sehr viel Abwechslungsreiches ist durch das Abteilfenster meist nicht zu sehen. Vielleicht ab und zu ein grosser Wedgetailed Eagle, welcher majestätisch durch die Lüfte gleitet. Fenster konnten nicht geöffnet werden und die automatische Air-Condition war für mein Empfinden zu kalt eingestellt. Unser Waggon befand sich direkt hinter der Diesel-Lokomotive und man konnte die Abgase im Abteil riechen.

Adelaide ist sehenswert. Das Barossa Valley, eine berühmte Weingegend, ist nur 60 km entfernt. Wir mieteten ein Auto, um uns dort umzusehen. Deutsche Einwanderer gründeten im 19. Jahrhundert Weingüter, Bäckereien, Metzgereien und weitere Betriebe.

Wir nutzten die Gelegenheit für einen Helikopterflug und fuhren von Tanunda aus weitere 170 km, um Freunde in Berri zu besuchen.

Auch unternahmen wir eine 5-Tage-Bootstour mit der Murray Princess auf dem Murray River von Mannum nach Renmark und zurück. Eine Strecke von je rund 200 km.

Mannum liegt 85 km westlich von Adelaide. Die Murray Princess hat 60 Kabinen, verteilt auf 2 Decks, jede einzelne von der Reeling aus zugänglich, mit je zwei Betten, Toilette und Dusche. Es waren nur 44 Passagiere an Bord. Die Verpflegung entsprach einem Fünf-Sterne-Hotel. Tagsüber sitzt man auf dem oberen Deck und geniesst die gemächliche Fahrt, welche durch einen Nationalpark führt. Wegen der Untiefen wird nur tagsüber gefahren.
Unseren zehnten Hochzeitstag feierten wir am «Kapitäns-Tisch».

Zurück in Mannum ging es mit dem Bus nach Goolwa. Dann mit dem Boot zum Mündungssee des Murray River. Die einzige schmale Öffnung zur Encounter Bay (Pazifischer Ozean) wurde von Expeditionen zwischen 1828 und 1831 entdeckt unter anderem von Charles Sturt.

Drei Teilnehmer einer dieser Expeditionen durchschwammen den schmalen Kanal, überquerten eine Sanddüne und wurden danach nie mehr wiedergesehen. Es wird angenommen, dass sie den Ngarridjeri People, Aboriginal Australians, zum Opfer fielen.

Nach diesem Ausflug ging es zurück nach Adelaide, von wo wir mit dem Zug nach Melbourne/Victoria fuhren und in einem kleinen Hotel einbuchten. Eine dunkle Schönheit, welche aussah wie Whoopi

Goldberg, begrüsste uns am Empfang. Das Hotel befand sich eingeengt in einer langen Häuserzeile. Unser Zimmer lag im 4. Stock. Nach dem Bezug wollte ich mir die Feuertreppe ansehen, welche sich am Ende des Flurs befand. Eine schwere Metalltür, welche sich nicht von aussen öffnen liess, führte zu einer Betontreppe. Ich lehnte die Tür vorsichtig an, damit sie nicht ins Schloss fällt und ging durch zentimeterhohen Dreck bis zum nächsten Treppenabsatz.

Da hörte ich, wie die Tür mit einem metallischen Klang zuschlug. Ich blickte auf und sah mein Darlingwife, denn sie wollte nach mir sehen. Wir gingen die vier Stockwerke nach unten. Die Tür liess sich nach aussen öffnen und wir gelangten in eine schmale Gasse. Nach achtzig Metern kamen wir zurück auf die Hauptstrasse und gingen zum Hoteleingang. Ich habe selten eine Empfangsdame so laut lachen gehört, als wir von der Erkundung der Feuertreppe berichteten. Sie sagte, dass diese seit Jahren nicht benutzt wurde.

Am nächsten Morgen wollten wir ins Parterre zum Frühstück. Statt mit dem Lift zu fahren, wollte ich die Treppe benutzen. Es dauerte eine Weile, bis ich den Zugang fand. Versteckt hinter einener Wand-schranktür führte eine Treppe nach unten.

Die untere Tür liess sich nur einen Spalt öffen; sie stiess gegen einen Widerstand. Mit etwas Kraft schob ich einen Widerstand zur Seite und stand dann direkt hinter "Woopi Goldberg" und wieder erschallte ein ungeheures Gelächter.

Nahe Melbourne liegt Phillip Island. Nach Sonnenuntergang kommen kleine Pinguine in Gruppen an Land und verschwinden in Erdlöchern. Man kann das Geschehen aus kurzer Distanz beobachten. Die Insel ist auch bekannt durch einen Rennwagen- und Motorrad- Rundkurs.

Sehr interessant ist ein Besuch in dem Ort Ballarat, einer ehemaligen Goldgräbersiedlung, 117 km entfernt von Melbourne. In diesem Ort gibt es einiges zu besichtigen: Einen Botanischen Garten, den Wildlife Park, das «Kryal-Crystal-Castle», die Art Gallery und Sovereign Hill. Auf diesem steht noch der alte Förderturm einer Goldmine.

Weiter ging es mit dem Zug in gut elf Stunden von Melbourne nach Sydney, New South Wales. Wir beschränkten uns darauf, für einige Tage diese grossartige Stadt zu erkunden. Theater- und Opern-Karten sind nicht kurzfristig erhältlich, so buchten wir eine Hafenrundfahrt und landeten in Manly, einem Surfer-Paradies. Von North Head hat man einen überwältigenden Blick auf die City-Skyline, Opernhaus und den Hafen. Wer hat noch nicht von den Blue Mountains gehört? Sie tragen ihren Namen aufgrund des blauen Schimmers, welcher durch die Verdunstung ätherischer Öle der Eukalyptus-Bäume entsteht.

Die Fahrt mit dem Zug von Sydney nach Katoomba dauert knapp zwei Stunden. Dort steht eine Felsformation, genannt "Die drei Schwestern", "Meehni", "Wimlah" und "Gunnedoo". Man kann lange Wandertouren durch die Blue Mountains unternehmen. Aber noch nie habe ich soviel Hundedreck wie auf den Strassen Katoombas gesehen.

Zurück in Sydney kaufte ich drei wunderschöne Opal-Edelsteine, welche lange in einer Streichholzschachtel ein nutzloses Dasein fristeten. Nach Jahren tauschte ich diese ein gegen eine französiche Kaminuhr mit zwei Kerzenständern, welche seitdem auf unserem Kaminsims stehen.

Mit dem Nachtzug ging es weiter nach Brisbane, Hauptstadt von Queensland. Dort hielten wir uns nicht lange auf, machten aber wenigstens eine Bootstour auf dem

Brisbane River, genannt "Maiwar" von den Aboriginal Australians.

Nach einem Speziergang am Sonntag Nachmittag mussten wir unbedingt etwas trinken. Wir fanden ein Hotel, mussten aber bis achtzehn Uhr warten, bis die Gaststätte öffnete.

Als wir eintraten, sahen wir nur Männer an der Bar, welche uns auffällig musterten.

Der Barmann hinter der Theke sagte, dass diese Seite der Bar nur für Gentlemen vorbehalten sei. So mussten wir den Raum verlassen und einen anderen Eingang benutzen. Wir gelangten zur selben Bar, sahen auf der gegenüberliegenden Seite dieselben Männer, wurden aber dann auf unserer Seite bedient.

Es war uns im voraus nicht gelungen, ein Schlafabteil für die zwei Nächte im Zug von Brisbane nach Cairns zu reservieren. Erst im letzten Moment nach dem Einsteigen erhielten wir vom Schaffner die entsprechenden Tickets. Was für eine Erleichterung!
Sonst hätten wir im "Holzabteil" auf dem Fussboden schlafen müssen.

Cairns ist berühmt als Ausgangspunkt zum "Great Barrier Reef", am besten zu erkundigen mit dem Glasbodenboot. Man sieht Korallen und Fische. Ein grossartiges Erlebnis.

Eine weitere Attraktion sind die "Atherton Tablelands". Mit einem kleinen Zug fährt man in diesen Regenwald mit tropischen Gewächsen. Beim Fotografieren eines grossen Baumes mit Luftwurzeln streifte ich mit meinem Rücken ein mir unbekanntes Gewächs, welches mir für den Rest des Tages brennende Schmerzen verursachte.

Weiter ging es mit dem Flugzeug in zweieinhalb Stunden nach Darwin, da nach dorthin kein Zug fährt.

In einem kleinen Hotel buchten wir ein Zimmer und sahen uns Prospekte an, um Ausflüge zu planen. Ausserhalb der Stadt war ein Platz am Strand beschrieben, von wo aus man am besten den Sonnenuntergang beobachten könne. Zu Fuss war die Strecke zu weit, deshalb mieteten wir einen Mini Moke, ein kleines offenes Auto. Es war ein sommerlicher Tag mit strahlend blauem Himmel.

Als wir an dem beschriebenen, einsamen Ort ankamen, war dort niemand ausser uns. Es sollte noch eine halbe Stunde vergehen, bis die Sonne im Meer versinken würde. Die Gelegenheit wurde für ein Picknick genutzt.

Langsam suchte ich mit dem Fotoapparat in der Hand den besten Platz für ein Erinnerungsfoto. Genau zu dem Zeitpunkt, als die Sonne ins Meer tauchen sollte, schob sich ein kleines Wolkenband vor diese, was ein Bild eines schönen Sonnenunterganges verunmöglichte. Was für eine Enttäuschung!

Auf der Rückfahrt kamen wir auf halbem Weg an einer Landzunge vorbei, wo es dem Anschein nach auch möglich sein sollte, den Sonnenuntergang zu fotografieren.

Am nächsten Tag gingen wir zu Fuss dorthin. Eine kurze Strasse zweigte von der Hauptstrasse ab in Richtung der kleinen Landzunge. Die Strasse war rechts und links gesäumt von alten Holzhäusern, niemand war zu sehen.

Am Ende erreichten wir eine kleine verwildete Parkanlage, umgeben von hohen Büschen und einem Eisen-gitter mit Eingangstor. In der Mitte des Parks befand sich ein gemauerter Grillplatz.

Da sich auf dem Grasboden überall Ameisen befanden, setzte sich mein Darlingwife auf die Mauer und führte Tagebuch, derweil ich mich nach dem besten Platz für ein Foto umsah.

Plötzlich hörten wir vom Tor her mehrmals ein lautes, metallisches Geräusch. Danach stürmte ein scharzer Wasserbüffel am Grillplatz vorbei und verschwand hinter den Büschen Richtung Meer. Da wir nicht wussten, ob der Büffel zurückkommt, brachten wir uns hinter dem Zaun in Sicherheit und machten uns anschliessend zu Fass auf den Rückweg zum Hotel. Schon kamen Polizei und Feuerwehr an und fragten uns nach dem Büffel. Wir berichteten, dass dieser an uns vorbeigerannt und wahrscheinlich über die Klippen ins Meer gestürzt sei. Wieder war ein Foto verpasst!

Es war inzwischen anfangs Mai, noch sommerlich warm, jedoch die weiten Sandstrände menschenleer. Grosse Schilder am Strand von Darwin warnten vor dem "Box jellyfish" auch genannt "Sea wasp", einer Quallenart im Meer, welche bei Berühren Menschen unter qualvollen Schmerzen töten kann.

Diese Quallen kommen im Oktober und verschwinden im Mai; keiner weiss, woher sie kommen und wohin sie wieder gehen.

Da ich gern baden wollte, fragte ich einen Spaziergänger, ob mit dem Verschwinden der Sea-Wasps Anfang oder Ende Mai zu rechnen sei. Seine lakonische Antwort: «Probier es einfach aus». So liess ich das Baden besser bleiben.
Grosse Schilder warnten auch vor Krokodilen in den umliegenden Mangroven-Sümpfen.

Auf dem langen Rollfeld des Flugplatzes konnte damals zur Not ein Space Shuttle landen. Daneben gibt es ein Museum, in dessen Halle ein einsatzbereiter B 52-Bomber steht. Mit seiner Flügelspannweite von 56 Metern braucht er Stützräder an den Enden der

Tragflächen, damit diese beim Starten und Landen nicht auf dem Boden schleifen. Dieses gewaltige schwarze Bombenflugzeug hat nur Fenster im Cockpit.

Im Stadtzentrum von Darwin gab es die Verandah-Bar mit einer riesigen, von der Decke hängenden Schwinge als Ventilator. Wenn in der Bar ein Gast Streit suchte mit dem Stärksten der Anwesenden, stellte er sein leer getrunkenes Bierglas umgekehrt auf die Theke. Bei unserer Anwesenheit habe ich keinen Streit erlebt und auch keinen gesucht. In der Bar konnte man auch den "Darwin Stubby", eine 2,2 Liter Bierflasche kaufen.

Zum Abschluss unseres Aufenthaltes unternahmen wir noch eine Bootsfahrt auf dem Adelaide River.

Der Bootsführer trug einen 45ger Colt am Gürtel. Man sah viele Krokodilsspuren am schlammigen Flussrand. Einmal hielt er ein grosses Stück Fleisch an einer Angel hoch über das Wasser. Schon schoss ein Krokodil aus dem Wasser in die Luft und schnappte sich das Stück. Dieser Ausflug dauerte einen ganzen Tag, während dessen wir niemand anders antrafen.

Vor unserem Weiterflug nach Bali bin ich vom Jachthafen aus in Darwin schlussendlich noch zu dem erhofften Sonnenuntergangs-Foto gekommen.

Reime zum Thema „Nacht"

Es folgen einzelne Geschichten zu dem Thema „Nacht".

Sie sind in dreissig Kurzgedichten zu Papier gebracht.

Inhalts-Verzeichnis

Präambel

Warum tun nur die Tage zählen?
Lasst uns doch mal die Nächte wählen!
Denn ohne Nacht, genaugenommen,
wäre der Tag garnicht vollkommen.
Auch sagt man gerne Jahr und Tag,
wenn etwas länger dauern mag.
Man könnte sagen Jahr und Nacht,
worüber dann der Duden lacht.
Es heisst, ein Tagwerk ist vollbracht,
selbst wenn es braucht die ganze Nacht.
Der Tag liegt hell im Sonnenschein,
die Nacht hinkt immer hintendrein.
Hat man die Nacht jemals gesehn?
Sie ist als Zustand zu verstehn!
Die Nacht als Wort nun diesmal endet,
sie wird in Versen hier verwendet.

Prolog

Mein Beitrag zu dem Thema Nacht,
in Versform zu Papier gebracht,
hat mich beschäftigt eine Weile,
bis so entstanden Zeil` für Zeile.
Erst wenn man denkt, es ist perfekt,
die Versform fehlerfrei korrekt,
auch hoffentlich gut ausgedacht,
dann erst ist das Werk vollbracht.

Konnten Goethe, Schiller, Heine,
dichten nur bei einem Weine?
Oder doch im Handumdrehn
im Geist schon ihre Verse sehn?
Grossartig ist, was sie erdachten,
was sie in ihrem Leben machten.

Ich fühl mich neben ihnen klein,
doch möcht' ich auch ein Dichter sein.
So reimte ich bei Tag und Nacht,
die Mühe hab ich mir gemacht,
auf dass das Reimen mir gelingt
und den Lesern Spannung bringt.
Hoffe auch, dass all das Schreiben
in Erinnerung mag bleiben.
Alle Verse, die jetzt kommen,
die frivolen und die frommen,
sind bis jetzt noch unbekannt
auf und ab im ganzen Land.

1. Waterloo

Es werde Nacht, die Preussen kommen,
hoffte Wellington beklommen.
Denn nur mit Blücher, ohne Fragen,
war Napoleon zu schlagen.
Weil dort die Preussen teilgenommen,
ist es dann zum Sieg gekommen.

2. Katzenjammer

Nachts sind alle Katzen grau,
manche Partygänger blau,
welche dann, nach kurzer Nacht,
mit einem Kater aufgewacht.

3. Gegensätze

Die Welt besteht die meiste Zeit
aus lauter Gegensätzlichkeit.
Mal ist es Tag, mal ist es Nacht,
mal wird geweint, mal wird gelacht.
Mal hat man Pech, mal hat man Glück,
mal geht es vorwärts, mal zurück.
Mal ist es heiss, mal ist es kalt,
kaum ist man jung, schon ist man alt.

4. Zielsetzung

Nicht nur nachts tun manche träumen,
wollen nicht durchs Leben hetzen.
Sollten aber nicht versäumen,
die rechten Ziele sich zu setzen.

5. Nachtgeflüster

Wenn des Nachts die Sterne funkeln,
die Liebenden im Dunkeln munkeln.
Doch manches, was da nachts getrieben,
wird keinesfalls hier aufgeschrieben.

6. Sanfte Ruhe

Es heisst so schön, ein gut Gewissen
ist ein sanftes Ruhekissen.
Denn jeder nachts am besten ruht,
wenn er am Tage Gutes tut.

7. Frisch gebacken

Der Bäcker, später in der Nacht,
das Feuer in dem Ofen macht.
Dann backt er alles mit Elan,
was in den Ofen er getan.
Auf dass nachher den frühen Kunden
die morgentlichen Brötchen munden.

8. Gelegenheit

Auch des Nachts folgen die Diebe
ihrem auserwählten Triebe.
Doch Polizei ist selbst bei Nacht
pflichtbewusst stets auf der Wacht.

9. Guter Rat

Sorgen haben in der Nacht
schon manchen um den Schlaf gebracht.
So denk des Nachts nicht an die Sorgen,
verschieb dies lieber auf den Morgen.

10. Nachsicht

Manches Kind hat in der Nacht
unbewusst ins Bett gemacht.
Mutter muss am nächsten Morgen
frische Bettwäsche besorgen.

11. Nachtschicht

Wird die Arbeit tags vollbracht,
kann man ruhen in der Nacht.
Doch nicht jeder kann nachts ruhn,
ist die Arbeit nachts zu tun.

12. Grosse Sause

Es trinkt der Mensch, es säuft das
Pferd,
doch diesmal ist es umgekehrt.
Wir machen heut die Nacht zum Tag,
wer mit uns feiern will, der mag.

13. Erfinder

Mancher hat in langer Nacht
Wunderdinge fast vollbracht.
Am nächsten Tag muss er erkennen,
ein Wunder ist es nicht zu nennen.

14. Vorsorge

Nachts kann es manchen heftig zwicken,
das trifft die Dünnen und die Dicken.
Drum sorget vor und hört mein Wort:
Esst nur gesund und treibt viel Sport.

15. Rücksicht

Lässt es jemand in der Nacht
bei sich zuhause heftig krachen,
wird er damit seinen Nachbarn
sicher keine Freude machen.

16. Erwartungen

Sie küsste einen Prinzen,
den sie liebte eine Nacht.
Ist leider dann am Morgen
neben einem Frosch erwacht.
Aus war es mit dem Liebesglück,
ein trister Alltag blieb zurück.

17. Entscheidungen

Mach es morgen, nur nicht heute
sagen alle faulen Leute.
Doch des Nachts, in ihren Kissen,
plagt sie dann doch ihr Gewissen.

18. Vorsicht

Bei Nacht und Nebel muss man sehr
recht achtsam fahren im Verkehr.
Auch verpasst man oft das Ziel,
ist viel Alkohol im Spiel.

19. Voraussicht

Lässt man nachts die Haustür offen,
ist nur allenfalls zu hoffen,
dass kein Dieb zu dieser Zeit
ausnutzt die Gelegenheit.

20. Gute Nacht

Tust du des Nachts den Schlaf
vermissen
und wälzt dich nur in deinen Kissen,
versuche es mit Baldrian,
der den Schlaf dir bringen kann.

21. Irrglaube

Mitternacht ist Geisterstunde,
dann machen Geister ihre Runde.
Sie tun den Leuten, die dran glauben,
deren Seelenfrieden rauben.
Sie sind nicht sichtbar, nicht zu fassen,
man sollte sie in Ruhe lassen.

22. Lichtscheu

Nachtfalter fliegen nicht am Tage.
Warum, das ist die grosse Frage.
Sie fliegen in der Dunkelheit,
denn vorher sind sie nicht bereit.

23. Zusammensein

Des Nachts bin ich nicht gern allein,
warum kannst du nicht bei mir sein ?
Willst mich in Zukunft nicht mehr sehn,
wo wir uns doch so gut verstehn.
Du musst dich möglichst bald ent-
scheiden,
sonst wird es nichts mehr mit uns beiden.

24. Nachtwache

Der Nachtportier hält seine Wacht
in dem Hotel die ganze Nacht.
Im Notfall ist er schnell zur Stelle,
er ist ein nützlicher Geselle.

25. Polarnacht

Aus der Polarnacht im Norden,
ist ein Schauspiel heut geworden.
Mal währt sie vierundzwanzig Stunden,
und manchmal wird sie nicht gefunden.
So ist die Nacht, man kanns nicht ändern,
mal kurz, mal lang, in vielen
Ländern.

26. Insel der roten Erde

Scheint der Mond hell in der Nacht,
der Kookaburra lauthals lacht.
Auch den Magpie kann man hören,
lässt sich bei seinem Ruf nicht stören.
Die Frösche quaken um die Wette,
wenn ich nur etwas Ruhe hätte.
Tag und Nacht kann lauern hier
ein äusserst giftiges Getier,
das, wie es auch immer
heisst,
ganz schön schmerzhaft zwickt und
beisst.

27. Vorbereitung

Nachtgeschichten für die Kleinen,
ob zum Lachen oder Weinen,
es seien Märchen oder Sagen,
von den Eltern vorgetragen,
würden Kindern jede Nacht
das zu Bett gehn leicht gemacht.

28. Strahlen

Der Sternenhimmel in der Nacht
entfaltet seine ganze Pracht.
Planeten ihre Bahnen malen,
auch wenn sie nicht von selber strahlen.
Die Galaxie, das Kreuz im Süden,
beim Schauen tu ich nie ermüden.

29. Heimkehr

Der Gatte, nach durchzechter Nacht,
sich fröhlich auf den Heimweg macht.
Endlich daheim, dort seine Olle
schon wartet mit der Nudelrolle.
Sie schlägt ihn damit auf den Kopf
und ruft erbost: »Nutzloser Tropf«!
Du treibst dich nur in Kneipen rum,
für Besseres fehlt dir der Mumm.
Man sieht, was lustvoll erst begann,
dann später schmerzhaft enden kann.

30. Ende

Die letzte Nacht, verbracht mit Dichten,
ist um und es beginnt zu lichten.
Das ganze Werk ist nun vollbracht,
mit all den Versen "nachts" und "Nacht"

Epilog

Dieses Jahr, beim Thema "Nacht,"
habe ich bei mir gedacht,
in Prosa anspruchsvoll zu schreiben,
lass ich ausnahmsweise bleiben.
Machte lauter Kurzgedichte,
dies gibt auch eine Geschichte.
Wenn der Leser, Blatt für Blatt,
bis zum Schluss gelesen hat
alle die gereimten Sachen,
die zum Schmunzeln oder Lachen,
fühle ich mich hochgeehrt
und es war die Mühe wert.

Ruchlos

Science Fiction Thriller

In Zeiten, da Täuschung und Lüge allgegenwärtig sind, ist das Aussprechen der Wahrheit ein revolutionärer Akt.

Eric Arthur Blair, 1903-1950
alias George Orwell

Prolog

Kriegerische Auseinandersetzungen und heftige globale Unwetter haben den internationalen Warenverkehr zum Erliegen gebracht. Daraufhin verschlechtern sich die Lebensbedingungen. Dies führt zu grossen Unruhen in vielen Ländern.

Deren Regierungen versuchen jedoch, das Leben der Bevölkerung zu erleichtern. Grössere Gebiete schliessen sich zu Kooperativen zusammen. Der Friede ist labil, jedes Land ist interessiert an geheimdienstlichen Erkenntnissen.

Im Auftrag des Ministeriums für Entwicklung wird an einer Universität in Rexanien an der Vermessung von Hirnströmen geforscht. Dabei gelingt Professor Allen Clark die Aufzeichnung von Gedanken.
Bisher beschränkte sich die Forschung auf künstliche Intelligenz, Verknüpfen von Wissen, Big Data und Blue Brain, nur um einige Bereiche zu nennen. Am Ende seiner Forschung kann Freitag die Gedanken der Menschen ohne deren Wissen und sogar aus weiterer Entfernung aufzeichnen.

Er weiss um die Brisanz dieser Möglichkeit und überlegt sein weiteres Vorgehen.

Zur selben Zeit hat der Geheimdienst des autoritären Staates Xarondi Kenntnis erhalten von Clarks Arbeiten und entführt ihn, um sich seine Forschungs-Ergebnisse anzueignen.

Das Staatsvolk huldigt zwar regelmässig seinem „Grossen Führer". Der Geheimdienst ist jedoch misstrauisch und versucht mit allen Mitteln, Andersdenkende ausfindig zu machen. Dazu wäre eine unbemerkte Gedankenkontrolle ein ideales Instrument der Überwachung.

Für den entführten Allen Clark entsteht eine lebensbdrohliche Situation, deren Ausgang bis zum letzten Moment ungewiss bleibt.

Ruchlos

Science Fiction Thriller

Der "Grosse Führer" regiert seit Jahren das Land Xarondi mit harter Hand. Xarondi ist abgeschottet und pflegt keine freundschaftlichen Beziehungen zu anderen Ländern. Deshalb hat die gegenwärtige, angespannte Weltlage keine direkten Auswirkungen auf dieses Land.

Ein kleiner Teil der Bevölkerung, welcher bei den Militärparaden dem „Grossen Führer" zujubelt, leidet nicht unter Verknappung von Gütern. Sie alle profitieren vom Staatssystem und sind daran interessiert, dass der gegenwärtige Zustand erhalten bleibt.

Der grössere Teil aber, welcher schwere Arbeit leisten muss, darbt.

Es gibt für sie auch kein Entkommen, denn die Grenzen zum Ausland sind geschlossen. Der Empfang von ausländischen Radio- und Fernseh-Sendungen ist verboten.

Der Chef des Geheimdienstes berichtet dem „Grossen Führer" von seinem Verdacht, dass nicht das ganze Volk hinter den Idealen des Staates steht und sichergestellt werden muss, einen eventuellen Aufstand von vornherein zu verhindern. Der „Grosse Führer" lehnt sich in seinem Sessel zurück und betrachtet für eine Weile seine markanten Hände. Dann blickt er seinen Gegenüber streng an und bemerkt: «Unzuverlässige Bürger müssen ermittelt werden. Unser Geheimdienst sollte dazu in die Lage gebracht werden».

Xarondis Geheimdienst steht in Kontakt mit Informanten im Ausland. Durch diese hat er erfahren, dass es einem Wissenschaftler in Rexanien angeblich gelungen sei, die Gedanken von Personen elektronisch aufzuzeichnen und sogar zu manipulieren. Es ist jedoch schwierig, an genaue Forschungsergebnisse zu gelangen, da keine offiziellen Kontakte zu Universitäten in diesem Land bestehen. Der "Grosse Führer" wird über diese Neuigkeit umgehend informiert.

Die Möglichkeit der Gedanken-Aufzeichnung und Manipulierung fasziniert den „Grossen Führer". Er meint, dies sollte im Land installiert werden, um Andersdenkende ausfindig zu machen. Es würde den Fortbestand des Staates sichern.

Er bemerkt zu seinem Gegenüber: «Wir sind mit unseren Forschungen in Bezug auf Überwachung aller Bürger noch nicht soweit. Wenn an dieser Sache etwas daran ist, will ich es hier verwirklicht haben. Ich überlasse es Ihnen, wie sie es bewerkstelligen. Notfalls bemächtigen sie sich des Wissenschaftlers, um an seine Forschungs-Ergebnisse zu gelangen».

Der Chef des Geheimdienstes nimmt umgehend Kontakt zu seinen Untergebenen auf und informiert sie über die Wünsche des „Grossen Führers". Jeder weiss, falls dieser Auftrag nicht zu dessen Befriedigung ausgeführt wird, hat es schwerwiegende Konsequenzen für alle Beteiligten. Der Wunsch des „Grossen Führers" wird aufgegriffen und, mangels anderer

Möglichkeiten, die Entführung des Wissenschaftlers beschlossen.

Sofort werden Mitarbeiter des Geheimdienstes tätig. Sie erhalten Diplomatenstatus. Der Kontakt zu Xarondis Botschafter in Rexanien wird hergestellt, die Beteiligten erhalten Visa für Rexanien. Betäubungsspritzen stehen bereit. Die Entführung des Wissenschaftlers ist in kurzer Zeit im Detail vorbereitet.

Professor Allen Clark leitet die Forschungsabteilung einer Universität im Land Rexanien. Trotz grosser beruflicher Belastung führt er ein harmonisches Eheleben. Seine Frau, die ehemalige Leiterin der Universitäts-Bibliothek, arbeitet jetzt bei einer Zeitung. Der gemeinsame Sohn hat

Journalismus studiert und ist oft beruflich im Ausland unterwegs.

Clarks Spezialgebiet ist die Vermessung von Hirnströmen. Mit der von ihm entwickelten elektronischen Apparatur gelingt ihm nach langen Versuchen die Aufzeichnung von Träumen. Das Verfahren lässt er für sich patentieren.

In einem Schlaflabor werden Freiwillige getestet. Er hofft, nach positiven Ergebnissen, damit auch Traumatisierten helfen zu können. Nach der nötigen Instruktion führen seine Mitarbeiter die Tests durch. Er hat nun Zeit, sich weiteren Forschungen zu widmen.

Die Hoffnung auf internationale Anerkennung lässt Clark nicht ruhen, weitere Versuche mit einer modifizierten Apparatur zu unternehmen, welche wie eine grosse Fernsehkamera aussieht. Sein Traum ist die Aufzeichnung von Gedanken.

Er lässt Mitarbeiter, welche er für diese Versuche braucht, im Unklaren über den genauen Aufbau und die Handhabung der Appara-tur, um bei positiven Ergebnissen seinen Ruhm nicht mit anderen teilen zu müssen. Aus Sicherheitsgründen schliesst er die Apparatur jeweils nach Gebrauch in seinem privaten Garderoben-schrank ein.

Das demokratische Land Rexanien ist bisher von Kriegen verschont geblieben. Auch die derzeitigen globalen Unwetter haben hier nur wenige Schäden angerichtet.

Es herrscht Vollbeschäftigung, die Büger sind zufrieden.

Die Versuche der Gedanken-Aufzeichnung ziehen sich in die Länge, aber nach mehrmaligem Abändern der Elektronik erscheint auf dem Monitor endlich das gewünschte Ergebnis. Der Proband muss jeweils vor dem Test seine Gedanken notieren. Sie werden nachher auf dem Monitor sichtbar und stimmen tatsächlich mit dem Gedachten überein.

Jetzt geht es nur noch darum, heimlich aus einer Entfernung und ohne Wissen der Person die Gedanken aufzuzeichnen. Clark führt diese Versuche erfolgreich an Mitarbeitern durch. Diese sind dann sehr überrascht, wenn er ihnen sagt, an was sie gerade gedacht haben. Beim Justieren der Apparatur stellt er mit Überraschung fest, dass er auf einer anderen Frequenz sogar Gedanken kurzfristig manipulieren kann.

Nach langen Versuchen ist er endlich am Ziel und überlegt, ob er seine Forschungs-Ergebnisse publizieren soll. Er zögert, denn diese könnten natürlich auch von anderen missbraucht werden. Er muss sich also sein weiteres Vorgehen überlegen.

Nach dreitägiger Konferenz in einer anderen Stadt geht er nach der Rückkehr noch kurz in sein Labor, um einige Unterlagen mit nach Hause zu nehmen. Er schaut in seinen Garderobenschrank, wo er seine Apparatur für die Gedanken-Aufzeichnung sicher verwahrt hat, schliesst wieder ab und steckt den Schlüssel in seine Tasche.

Alle Mitarbeiter haben die Universität bereits verlassen. Clark trifft nur auf einen Mann des Sicherheitsdienstes, mit dem er ein paar Worte wechselt.

In der Dämmerung begibt er sich dann auf den Heimweg. Dieser führt durch einen abgelegenen kleinen Park. Er freut sich darauf, nach Tagen der Abwesenheit wieder nach Hause zu kommen, seine Frau in die Arme zu schliessen und mit ihr einen ruhigen Abend zu verbringen.

Der Park liegt ruhig in der Abenddämmerung. Clark geniesst den Heimweg. Beim Gehen trifft er vorerst auf keine anderen Personen. Kurz vor Ende des Parks kommen ihm drei fremdländisch aussehende Männer entgegen.

Sie blicken ihn freundlich an und treten etwas beiseite.

Als er sich auf ihrer Höhe befindet, fühlt er einen Stich in seiner linken Seite und verliert umgehend das Bewusstsein.

Die Männer tragen Clark durch die Büsche zu einer nahe gelegenen Strasse. Dort wartet ein Auto mit Diplomaten-Kennzeichen. Clark wird direkt zum Flughafen gebracht. Durch einen Seiteneingang geht es ohne Kontrolle direkt zu einem wartenden Flugzeug. Clark wird hineingetragen, kommt kurz zu Bewusstsein, wird aber sofort wieder betäubt. Das Flugzeug startet umgehend in Richtung Xarondi.

Clark erwacht in einem kahlen Zimmer aus seiner Betäubung.

Er braucht eine Weile, bis er sich an seinen Heimweg erinnert.

Hat er durch einen Schlaganfall sein Bewusstsein verloren?

Er denkt, in diesem Fall würde er sich doch in der Intensivstation eines Krankenhauses befinden. Dann schaut er sich die neben ihm stehenden Männer an. Sie ähneln den Männern, welche ihm im Park entgegen kamen. Langsam wird ihm bewusst, dass hier etwas Besonderes vor sich geht. Er fragt die Männer, wo er sich befindet, erhält darauf aber keine Antwort. Stattdessen erwidert einer von ihnen auf englisch mit starkem Akzent:

«Sie haben nichts zu befürchten, solange sie mit uns kooperieren».

So hat sich Allen Clark das Ende seiner Forschungstätigkeit nicht vorgestellt. Er ist in der Gewalt einer fremden Macht und ahnt, dass man es auf sein Wissen abgesehen hat. Clark wird in ein kleines Appartment gebracht und dann allein gelassen. Er hört, wie die Tür von aussen abgeschlossen wird und sieht sich um.

Das Appartment ist einfach eingerichtet. Es hat eine Küchennische, ein Klappbett und einen Schreibtisch mit Stuhl.

Im Nebenraum findet er eine Duschkabine und eine Toilette. Er geht zurück und öffnet den Wandschrank. Darin befinden sich uniformähnliche Kleider und Unterwäsche. Der Kühlschrank ist gefüllt mit Lebensmitteln und Getränken. Die Beschriftung darauf ist in einer Sprache verfasst, welche Clark nicht kennt.

Es sieht so aus, als würde man ihn hier für längere Zeit festhalten wollen.

Clark sieht aus dem Fenster, welches verschlossen ist; er blickt direkt auf ein gegenüber liegendes Hochhaus. Alle Fenster sind verhangen. Jetzt bleibt ihm nichts anderes übrig, als sich mit seinem Schicksal vorerst abzufinden und darauf zu warten, was man mit ihm vorhat.

Es ist spät geworden. Da er keinen Hunger verspürt, trinkt er nur etwas Wasser und geht zu Bett. Er hat das Gefühl, beobachtet zu werden. Viele Gedanken kreisen in seinem Kopf und lassen ihn lange nicht zur Ruhe kommen. Schlussendlich kann er einschlafen.

Der Chef des Geheimdienstes berichtet dem „Grossen Führer" von der gelungenen Entführung des Wissenschaftlers. Es wird entschieden, diesem einen Mitarbeiter aus dem staatlichen Forschungslabor zur Seite zu stellen. Dieser soll sich mit der Zeit alle Kenntnisse Clarks betreffend Gedanken-Aufzeichnung aneignen. Die Befragung des Entführten soll umgehend beginnen.

Allen Clarks Frau hat ein feines Abendessen vorbereitet. Sie erwartet bald ihren Mann und macht sich keine grossen Sorgen, als er nach der erwarteten Zeit nicht erscheint. Sie ist an seine unregelmässigen Arbeitszeiten gewöhnt, ist jedoch überrascht, dass er nicht wie verabredet erscheint. Sie denkt, dass ihr Mann noch an einer späten Besprechung teilnimmt. Sie stellt das Essen kalt, liest noch ausgiebig Zeitung und geht dann zu Bett.

Am nächsten Morgen ist sie doch beunruhigt vom Ausbleiben ihres Mannes. Sie ruft bei der Universität an, erhält jedoch keine befriedigende Antwort. Jetzt macht sie sich ernsthaft Sorgen und geht zur Polizei. Diese stellt Nachforschungen an; sie enden jedoch mit den Aussagen des Nachtdienstes der Universität und werden mangels weiterer Informationen vorerst eingestellt.

Allen Clark wacht früh auf. In Erwartung unbekannter Dinge kleidet er sich an. Als er sich etwas zum Essen aus dem Kühlschrank holen will, wird die Tür aufgeschlossen. Zwei Männer bringen ihn in einen Vernehmungsraum. Der Chef des Geheimdienstes und weitere Personen sind bereits anwesend.

Clark wird darüber informiert, dass man speziell an seinen Forschungs-Ergebnissen betreffend Aufzeichnen von Gedanken interessiert ist. Man erwartet, dass er all seine Erkenntnisse preisgibt.

Falls er sich dagegen sträuben würde, fände man Mittel und Wege, ihn zum Kooperieren zu bringen.

Der Mitarbeiter vom staatlichen Forschungslabor stellt sich Clark vor. Sein Name ist Syngman Khan, er spricht englisch. Er beginnt mit der Befragung und möchte vorerst wissen, wer ausser Clark in der Lage ist, die Gedanken anderer Personen aufzuzeichnen. Clark antwortet wahrheitsgemäss, dass der genaue Ablauf des Verfahrens und der technische Aufbau der Apparatur nur ihm bekannt sind.

Khan sagt zum Chef des Geheim-
dienstes in einer Sprache, welche
Clark nicht versteht, dass man zur
Demonstration der Gedanken-
Aufzeichnung diese Apparatur
braucht. Ein Nachbau im eigenen
Labor wäre vorerst nicht möglich.
Der Chef bespricht sich kurz mit
den anderen im Raum. Dann wird
Clark gefragt, wo genau sich die
Apparatur in der Universität
befindet. Ihm bleibt nichts anderes
übrig, als den genauen Standort zu
nennen und übergibt den Schlüssel
zu seinem Garderobenschrank. Er
ahnt, dass der Geheimdienst in der
Lage ist, seine Apparatur aus der
Universität hierher zu schaffen.

Der des Geheimdienst-Chef traut
niemandem.So wird der Marbeiter
vom Labor genau beobachtet, wenn
er Clark technische Fragen stellt.

Offensichtlich sprechen auch alle anderen Anwesenden englisch. So können sie verhindern, dass Khan Clark Fragen stellt, welche nichts mit der Gedankenaufzeichnung zu tun haben.

Clark wird mitgeteilt, dass die Befragung ausgesetzt wird, bis die Apparatur herbeigeschafft ist. Er wird in sein Appartement zurückgeführt. Ihm bleibt nun Zeit, über sein weiteres Vorgehen nachzudenken. Er nimmt sich vor, die Entführer so lange wie möglich im Unklaren über den Aufbau und die Wirkungsweise der Apparatur zu lassen. Vielleicht ergibt sich auch in der Zwischenzeit eine Möglichkeit zur Flucht.

Allen Clark hat nach seiner Entführung nichts auszustehen. Er ist komfortabel untergebracht und wird auch gut verköstigt.

Die ständige Bewachung lässt ihn jedoch nicht zur Ruhe kommen. Die Tage sind ausgefüllt mit Befragungen über seine Forschung, speziell über Gedankenaufzeichnung.

Auf die Frage an seine uniformierten Bewacher, wo er sich jetzt befinde, erhält er keine Antwort. Nur einer bemerkt wiederum auf englisch mit starkem Akzent, dass er nichts zu befürchten habe, solange er kooperiere.

So hat sich Clark das Ende seiner Forschungsarbeit nicht vorgestellt. Würden die Ergebnisse jetzt in falsche Hände geraten? Wie wurde er an diesen Ort gebracht und wo befindet er sich jetzt? Wie kamen seine Bewacher zu der Erkenntnis, dass sein Wissen für sie von grösster Bedeutung ist?

Clark legt sich eine Strategie zurecht. Er muss unbedingt herausfinden, wo er sich befindet, welche Funktion seine Befrager haben und was sie mit seinen Forschungs-Ergebnissen vorhaben. Auf jeden Fall will er die Kenntnis des Gedankenlesens diesen Leuten nicht vollständig preisgeben.

Die Sprache zwischen seinen Bewachern ist Clark nicht geläufig. Sie tragen keine Rangabzeichen an ihren Uniformen und was er sie sagen hört, kann er sprachlich nicht einordnen. So versteht er nie, über was sie untereinander reden.

Trotz bisher guter Behandlung ist er sich darüber im Klaren, dass er nach Preisgabe seiner Forschungs-Ergebnisse in irgendeinem Verlies verschwindet.

Clarks Kleidung hat durch die Entführung Schaden genommen. Sie wird durch unkomfortable Unter-wäsche sowie ein uniformartiges Übergewand ersetzt.

Mit der Zeit übt man grösseren Druck aus bei der Befragung. Um Zeit zu gewinnen, weist Clark darauf hin, dass er die Apparatur aus seinem Forschungslabor bräuchte. Er hätte sie für seine Zwecke modifiziert und kann ohne sie nicht das Gedankenlesen demon-strieren. Er nimmt an, dass das Herbeischaffen der Apparatur nur eine Frage der Zeit ist.

Bis zu deren Eintreffen hat Clark nun etwas Zeit gewonnen.

In der Zwischenzeit ist Clarks Verschwinden nach seinem letzten Universitätsbesuch bekannt.

Seine Frau war an seine unregelmässigen Arbeitszeiten gewohnt. Als er dann nach zwei Arbeitstagen nicht zu Hause erschien, hatte sie dies der Polizei gemeldet, welche jedoch keine Spur von ihm fand. Erst als das Verschwinden von Freitags Apparatur bemerkt wird, macht man sich einen Reim auf ein mögliches Szenario. Doch alle Ermittlungen bleiben erfolglos.

Clarks Sohn, welcher Journalismus studiert, will sich mit dieser Situation nicht abfinden. Er beginnt mit eigenen Ermittlungen.

Clark denkt darüber nach, wie man auf ihn und seine Studienergebnisse gekommen sein könnte. Eine Möglichkeit wäre, dass ein Proband mit seinen Befragern in Kontakt steht und diesen Andeutungen über sein Forschungsgebiet gemacht hat.

Clarks Bewacher mussten sich Zugang zu der Apparatur in seiner Universität verschafft haben, denn nach knapp einer Woche trifft diese ein. Weitere Hinhaltungen sind nun nicht mehr gut möglich. Er nimmt sich vor, die Elektronik zu manipulieren. So könnte er vorerst die Ergebnisse verfälschen.

Clark wurde ein staatlicher Wissenschaftler zur Seite gestellt. Dieser soll sich Clarks Kenntnisse aneignen. Zu gern will Clark diesen neuen

Kollegen aushorchen, fürchtet aber, sich damit in Schwierigkeiten zu bringen.

Etwas lässt Clark plötzlich aufhorchen. Der Wissenschaftler sagt zu ihm in einem günstigen Moment: «Progammiersprache nutzen». Clark wiegt das Risiko zwischen Ehrlichkeit und Hinterhalt dieser Mitteilung ab und wartet auf weitere Informationen von Khan.

Beim Justieren des Apparate-Displays nutzt Khan die Gelegenheit zwischen den Zeilen mit Unterbrechung Clark persönliche Informationen mitzuteilen. Clark nimmt mit Erleichterung zur Kenntnis, dass sich der neue Kollege liebend gern absetzen würde. Dieser bemerkt, falls ihnen durch seine Hilfe die Flucht gelingen würde, könnte er auf Clarks Dankbarkeit hoffen und in einem anderen Land ein neues Leben beginnen.

Im Hinblick auf die neue Situation müssen zwecks Vertuschung ihres Vorhabens erste Ergebnisse vorgelegt werden.

Der neue Kollege stellt sich im Beisein der Bewacher als Versuchsperson zwecks Aufzeichnen seiner Gedanken zur Verfügung. Clark richtet die Apparatur ein und fordert den Kollegen auf, an etwas bestimmtes zu denken und dies zu notieren. Notiz und Aufzeichnung auf dem Display werden anschliessend verglichen.

Die Übereinstimmung überrascht die Bewacher. Da man den Wissenschaftlern nicht ganz traut, lässt man auch Aufzeichnungen bei einem Bewacher vornehmen.

Clarks Kollege fungiert als Übersetzer, denn der Befragte denkt natürlich in seiner Muttersprache. Die positiven Ergebnisse werden wohlwollend zur Kenntnis genommen.

Vorgesehen sind natürlich noch weitere Vergleiche mit verschiedenen Personen, dann auch aus grösserer Distanz.

Bei einem Umtrunk anlässlich der ersten positiven Ergebnisse lässt man eine Flasche Schnaps kreisen. Für Clark und seinem Kollegen ergibt sich dabei die Möglichkeit eines weiteren unbewachten Gesprächs.

In Xarondis Universitäten laufen ähnliche Forschungsprojekte. Allerdings wird von der Staatsbehörde grosser Druck ausgeübt.

Wer nicht die erwarteten Ergebnisse erzielt, wird ausgewechselt und verschwindet im Straflager.

Clarks Kollege hat grosse Angst davor, dass ihm Ähnliches widerfahren könnte. Er hat auch Angst vor den Folgen, falls eine Flucht misslingt.

Der Zufall will es, dass Khans Frau Nachricht vom Tod eines Onkels erhält, welcher vor Jahren ins Nachbarland Marori geflohen war. Sie beantragt bei der staatlichen Behörde ein Visum für dieses Land, um den Angehörigen anlässlich ihres Besuchs persönlich ihr Beileid aussprechen zu können. Dank dieses Anlasses wäre sie dort vorerst sicher vor Verfolgung und Inhaftierung im Fall des Misslingens der Flucht ihres Mannes.

Nach Erhalt des Visums sollte sie mit ihrer Reise dorthin warten, bis sich nach Absprache mit Ihrem Mann ein geeigneter Zeitpunkt für ihre Flucht ergeben würde.

Clark überlegt, wie er Zwietracht unter seine Bewacher säen könnte. Er will das Display seiner Apparatur derart manipulieren, dass ein falsches Ergebnis nach der Gedanken-Aufzeichnung angezeigt wird.

Bisher musste der Proband vorher auf einen Zettel schreiben, an welches Stichwort oder welchen Satz er denkt. Nach der Messung wurde das Ergebnis verglichen. Clark ändert nun den Ablauf. Das Ergebnis soll verfälscht werden, um die Bewacher gegeneinander aufzubringen.

Er präpariert die Apparatur mit vorbereiteten Fragen und Antworten, welche auf Tastendruck erscheinen sollen.

Zur Täuschung der Bewacher wird zuerst der vorher informierte neue Kollege aus einiger Entfernung mit folgender Frage getestet: "Bist du Deinem Staat treu ergeben"? Die Antwort auf dem Display stimmt überein und lautet: "Ich gebe mein Leben für den Staat". Dann wird einem Bewacher die Frage gestellt: "Kaufst du immer im Staatsladen ein" ?

Dieser sagt ja, aber zu dessen Entsetzen erscheint folgendes auf dem Display: "Ich besorge mir Sachen auf dem Schwarzmarkt". Dieses Ergebnis führt zu grosser Unruhe unter den übrigen Bewachern.

Sie müssen verhindern, dass der Blossgestellte auf die Wissenschaftler losgeht. Die Befragungen werden fürs Erste ausgesetzt.

Der Bewacher, welcher die für ihn wahrscheinlich folgenschwere Gedankenlesung nicht akzeptiert, setzt den Leiter des Geheimdienstes davon in Kenntnis. Der jedoch ordnet erst einmal die Auswechslung des vermeintlich Fehlbaren an und lässt ihn in Gewahrsam nehmen.

Der "Grosse Führer" muss über alles informiert werden, was im Land passiert. Dieser ist auch mit den bisherigen Versuchs-Ergebnissen zufrieden, war es doch seine Idee, den Geheimdienst auf Allen Clark anzusetzen.

Als die ersten positiven Ergebnisse der Gedanken-Aufzeichnung vorlagen, entstanden bereits Staatspläne, das ganze Volk mit Hilfe von Getreuen noch genauer zu überwachen.

Die von Clark manipulierten ersten Ergebnisse ändern allerdings die Pläne der Staatsmacht. Wem kann der "Grosse Führer" noch trauen? Er ordnet an, dass zuerst bei seiner Elite unangemeldet aus einer Distanz die Gedanken-Aufzeichnung stattfinden soll. Dafür lässt er Clark und den Assistenten zu sich rufen und verfügt die erste heimliche Überwachung. Clark soll auf Kundgebungen unbemerkt die Gedanken der Geheimdienstchefs aufzeichnen.

Clark will nun zusammen mit seinem Assistenten weitere Manipulationen durchführen.

Sie planen, die Falschaufzeichnung nur bei wenigen Auserwählten durchzuführen.

Sie hoffen, dass diese sich gegen die erhobenen Anschuldigungen zur Wehr setzen und einen Aufstand anzetteln, um einer Verhaftung zu entgehen. Eine Flucht wäre in den darauf folgenden unruhigen Zeiten vielleicht möglich.

In der Zwischenzeit hat die Frau des Assistenten ihr Visum für Marori erhalten und wartet auf den richtigen Zeitpunkt ihrer Abreise. Ihr Mann hatte ihr geraten, in diesem Land bei der Botschaft von Rexanien Asyl zu beantragen. Wenn sie von den Zuständen in ihrem Land berichten würde, hätte sie gute Chancen auf einen positiven Bescheid. Sie könnte auch darauf hinweisen, in welcher Situation sich ihr Mann befindet. Durch ihren Antrag gefährdet sie zwar die Sicherheit ihres Mannes; weitere Verwandtschaft im Hinblick auf Repressalien ist zum Glück jedoch nicht vorhanden.

Bevor die Gedankenkontrolle bei den Geheimdienstchefs anläuft, ergibt sich eine neue Situation.

Der "Grosse Führer" wird zu einem regionalen Staatsführertreffen eingeladen. Sein Staat ist seit langem abgeschottet; freundschaftliche Beziehungen über die Grenzen gibt es nicht. Trotzdem sollen wichtige Verhandlungen stattfinden. Diese Gelegenheit würde er gern dazu nutzen, die wirklichen Gedanken der Teilnehmer bei den Gesprächen zu erfahren.

Zur heimlichen Gedanken-Aufzeichnung braucht der "Grosse Führer" natürlich Allen Clark und dessen Assistenten, welche bei Ihrer Tätigkeit keine Spuren hinterlassen dürfen.

Auch erhofft er sich Vorteile, falls das Gedanken-Manipulieren bei den anderen Staatsführern angewendet werden kann. Clark verschweigt ihm natürlich deren zeitlich begrenzte Wirkung.

Der Tag der Abreise nach Sanova für die Delegation steht fest. Clarks Assistent sagt seiner Frau, dass sie am selben Tag ausreisen soll. Leider führt das Treffen nicht in demselben Land statt, wo die Frau des Assistenten Asyl nachsuchen will. Aber es sollte irgendwie möglich sein, mit ihr in Kontakt zu bleiben.

Clark und sein Assistent werden proforma in das Ministerium übernommen und sind Mitglieder der Delegation.

Trotzdem die beiden Wissenschaftler nicht begeistert sind vom Spitzeldienst, müssen sie mitreisen. Sie rechnen sich dabei wieder reelle Chancen für eine Flucht aus.

Ihre Apparatur für die Gedanken-Aufzeichnung, welche wie eine grosse Fernsehkamera aussieht, würde sie zusammen mit ihrer Akkreditierung als Reporter ausweisen.

Clark hat grosse Mühe, sich mit seiner derzeitigen Situation abzufinden. Er ahnt, in welches Land er entführt wurde. Er vermisst Frau und Sohn, seine Kollegen und die

Arbeit. Auch die Zusammenkünfte mit Freunden und die kleinen Annehmlichkeiten seines früheren Lebens fehlen ihm sehr.

Die Delegation unter Leitung des „Grossen Führers" trifft in Sanova ein. Natürlich sind auch Aufpasser vom Geheimdienst mitgereist. Der Empfang der Delegation gestaltet sich kühl, aber höflich.

Wird es Allen Clark und seinem neuen Kollegen gelingen, anlässlich des Staatsführertreffens dem erzwungenen Staatsdienst zu entfliehen?

Sollte die Apparatur unbrauchbar gemacht, oder wenn möglich, bei einer Flucht mitgenommen werden, um eventuelle Verfolger gedanklich zu beeinflussen?

Es wird nicht einfach werden, die Aufpasser abzulenken und falsche Spuren bei einem Fluchtversuch zu hinterlassen. Vielleicht ergibt sich für Clark auch die Möglichkeit, seinen Sohn zu kontaktieren, um ihn um Hilfe zu bitten.

Allen Clark und sein Kollege sind im Tagungshotel in Zweibett-Zimmern untergebracht. Allerdings nicht zusammen, sondern voneinander getrennt mit je einem Bewacher auf ihren Zimmern.

Die Verhandlungen beginnen am folgendenTag. Die Staatsmänner sind bei diesen in einem separaten Saal unter sich, während alle anderen Delegations-Mitglieder und Reporter in der Lobby auf die ersten Ergebnisse warten.

Die Aufpassen müssen auf Clarks Wunsch umgehend passende Adapter zum Aufladegerät der Apparatur für Gedankenübertragung besorgen.

Clark hat sich vorgenommen, bei passender Gelegenheit seinen Sohn zu benachrichtigen. Von Khan hat Clark erfahren, dass er in das Land Xarondi entführt wurde.

Im Gedränge der Lobby gelingt es ihm, unbemerkt von ihren Aufpassern, ein Mobiltelefon von einem neben ihm stehenden Reporter auszuleihen. Clark macht heimlich ein Passfoto von Khan und begibt sich auf die Toilette.

Während sein Aufpasser vor der Tür Wache hält, übermittelt Clark, seinem Sohn per SMS folgende Nachricht:

"Bin bei einem internationalen Staatsführer-Treffen in Sanova. Benötige umgehend meinen Reisepass und einen provisorischen Ausweis für eine zweite Person. Anbei deren Foto und weitere persönliche Angaben. Wurde nach Xarondi entführt und werde streng bewacht. Informiere niemanden, auch nicht die Behörden in Rexonien, über meine Situation. Versuche, Dich später anzurufen, Gruss Dad."

Clark geht zurück in die Lobby und kann in einem günstigen Moment das Mobiltelefon seinem Besitzer zurückgeben, findet jedoch keine Gelegenheit zu einem Gespräch mit ihm. Clark kann nur hoffen, dass sein Sohn die Nachricht liest und die benötigten Dokumente baldmöglichst besorgen kann.

Er hofft auch, dass sich die Verhandlungen in die Länge ziehen und sich in dieser Zeit eine Fluchtmöglichkeit ergibt.

Ständig denkt er darüber nach, wie er die Flucht bewerkstelligen könnte.

Am Abend des ersten Verhandlungstages geben die Staatsmänner ein erstes öffentliches Statement ab. Dabei können Clark und Khan ihre Apparatur in Stellung bringen und mit der Gedanken-Aufzeichnung beginnen.

Während der Aufzeichnung sagt Khan unbemerkt zu Clark, dieser soll doch jetzt zusätzlich die Gedanken des einen Aufpassers probeweise manipulieren. Man könnte dann an dessen Reaktion ermessen, ob dessen Aufmerksamkeit nachlässt.

Und tatsächlich tritt bei dem Aufpasser kurzfristig ein sichtbares Desinteresse an seiner Bewachungsaufgabe ein.

Wie Clark und sein Kollege vermutet haben, stimmen die Äusserungen der einzelnen Staatsmänner nicht mit deren wirklichen Gedanken überein.

Nach Beendigund des Statements werden Clark und Khan zum „Grossen Führer" gerufen. Ihr akkurater Bericht wird von diesem mit Befriedigung aufgenommen. Nach Beratung mit den Chefs des Geheimdienstes kann der „Grosse Führer" bei weiteren Verhandlungen mit den anderen Staatsführern nun entsprechend argumentieren.

Khan wird gefragt, ob er sich in der Zwischenzeit genügend Kenntnisse angeeignet hat, um die Apparatur nachbauen zu können. Er antwortet darauf, dass ihm einige Komponenten unbekannt seien und er deshalb weiterhin auf Clarks Fachkenntnisse angewiesen sei.

Clark beabsichtigt, weitere Aufzeichnungen zu manipulieren, um die Verhandlungen damit in die Länge zu ziehen.

Im Gedränge der Lobby können Clark und Khan manchmal über Fluchtpläne sprechen, ohne den Argwohn ihrer Aufpasser zu wecken. Kahn weiss nun auch, dass Clark seinen Sohn über ihre Situation in Kenntnis gesetzt hat. Auch soll dieser darüber informiert werden, dass Khans Frau in der

Botschaft Rexaniens in Marori einen Asylantrag für Rexanien gestellt hat. Er soll sich dort auf der Botschaft melden, um mit Khans Frau in Verbindung zu treten.

Für Clark und Khan verläuft bisher alles genau so wie von ihrer Delegation geplant war. Jedoch die Ungewissheit über ihr weiteres Schicksal belastet sie. Selbst wenn Clarks Sohn die Ausweise besorgen kann und rechtzeitig vor Ende des Staatsführer-Treffens in Sanova eintrifft, ist die Durchführung einer Flucht noch völlig ungewiss.

Die Aufpasser vom Geheimdienst des „Grossen Führers" sind am Ergebnis der Verhandlungen nicht sonderlich interessiert. Sie behalten Clark und Khan natürlich scharf im Auge.

Beim zweiten Statement der Staatsführer am nächsten Tag gelingt es Clark wieder, sich unbemerkt das Telefon eines Reporters auszuleihen und versucht, von der Toilette aus, wo er von einem Bewacher hingebracht wurde, seinen Sohn anzurufen. Diesmal klappt die Verbindung und Clark lässt die Wasserspülung laufen, so dass von draussen nichts zu hören ist. Er kann alle wichtigen Informationen durchgeben. Auch erfährt er, dass sein Sohn die Ausweise beschaffen konnte und zu ihnen unterwegs ist.

Während alle auf das nächste Statement warten, geben Clark und Khan vor, von den Anwesenden Aufnahmen zu machen.

In Wirklichkeit haben sie die beiden Aufpasser im Vokus und manipulieren deren Gedanken. Sie beeinflussen die Beiden, sich gegenseitig aggressiv zu verhalten. Dies tritt auch ein, jedoch nur für einen kurzen Moment. Die Aufpasser wundern sich anschliessend über ihr Verhalten und fürchten, dass der „Grosse Führer" davon erfährt.

Seitdem sich Clark und Khan beim Staatsführertreffen in Sanova befinden, müssen sie nicht mehr ihre „Programmiersprache" benutzen. Im Gedränge der Lobby finden sie hin und wieder Gelegenheit, miteinander zu reden. So wollen sie andere Reporter aushorchen, um an brauchbare Informationen für ihre Flucht zu kommen.

Am besten wäre es herauszufinden, ob hier Reporter von Sanova sind. Auf keinen Fall dürfen sie sich an andere Reporter von Xarondi wenden. Bei diesem internationalen Treffen sprechen natürlich alle englisch, was es einfach macht, andere Reporter anzusprechen.

Clark hat ganz kurz die Gelegenheit, den einen Reporter, von dem er sich das Telefon ausgeliehen hat, zu fragen, ob dieser von Sanova ist oder ob er jemanden von dort kenne. Aber dieser schüttelt nur den Kopf. Clark hofft, dass er einen Reporter von Sanova findet, welchen er um Hilfe bitten kann. Zum Schluss verwirft er diesen Plan, da alles zu ungewiss und gefährlich scheint.

Die Staatsführer verkünden beim nächsten Statement, dass dieses Treffen bisher nicht zu den erhofften Ergebnissen geführt hat und somit abgebrochen wird. Ein weiteres Treffen in absehbarer Zeit soll demnächst ausgehandelt werden.

Die Abreise der Xarondi-Delegation ist für den kommenden Tag geplant. Clark und sein Kollege sehen nun keine reelle Möglichkeit mehr, ihre Flucht in die Tat umzusetzen.

Am nächsten Morgen stehen sie niedergeschlagen zwischen den Teilnehmern ihrer Delegation im Terminal des Flughafens und warten auf ihre Abfertigung.

Da sieht Clark in der Menge seinen Sohn. Alle möglichen Szenarien gehen Clark durch den Kopf. Ihre Aufpasser stehen neben ihnen, ein Entkommen ist ausgeschlossen. Die Rückkehr nach Xarondi steht bevor und Clark erwartet dort dieselbe Situation wie nach seiner Ent-führung.

Ein Ende seiner Odyssee ist nicht in Sicht. Lange kann er die Apparatur auch nicht mehr manipulieren; der Geheimdienst wird ihn unter grossen Druck setzen. In seiner Verzweiflung denkt Clark daran um Hilfe zu rufen. In dem Moment, wo er den Mund aufmacht kommen mehrere Sicherheitsbeamte vom Flughafen-Terminal auf ihn zu. Sie führen Clark und Khan, welcher die Apparatur trägt, in einen Neben-raum. Die Aufpasser von Xarondis Geheimdienst sind jetzt machtlos.

Im Nebenraum geschieht etwas Unerwartetes: Clarks Sohn kommt herein und erklärt die Situation. Er berichtet, dass er die Sicherheitsbeamten drüber informiert hat, in welcher erzwungenen Situation sich sein Vater und dessen Kollege befinden.

Auch die Entführung wurde erwähnt. Es hat einige Überzeugung gebraucht, bis die Beamten einverstanden waren, die beiden Wissenschaftler von der Delegation zu trennen und sie direkt nach Rexanien weiterreisen zu lassen. Ein Flug dorthin wird in Kürze stattfinden. Sie werden also ihre Delegation und vor allem ihre Aufpasser von Xarondi zum Glück nicht mehr antreffen.

Clark kann es noch nicht fassen, dass sie jetzt vorerst in Sicherheit sind. Er weiss, dass Xarondis Geheimdienst einen langen Arm hat und möchte vorsorgen, dass er und sein Kollege in Zukunft in Ruhe gelassen werden. Denn auch Khans Flucht wird den Geheimdienst beschäftigen. Deshalb verfasst er zuhanden des „Grossen Führers" einen Brief mit folgendem Inhalt:

«Grosser Führer,
Nachdem ich die unerwartete Situation nutzte, um Ihrem Zwangsdienst zu entfliehen, stehe ich von nun an nicht mehr zu Ihrer Verfügung.
Auch mein Kollege Khan möchte Ihnen nicht mehr dienen.

Die Apparatur überlasse ich Ihnen, dachdem ich sie unbrauchbar gemacht habe und ich versichere Ihnen, dass ich keine Neue mehr anfertigen werde. Ich verspreche Ihen, dass ich mit niemandem über das Geschehene reden werde und erwarte im Gegenzug, dass mich Ihr Geheimdienst in Zukunft in Ruhe lässt.

Falls dieser jemals in Bezug auf meine oder Syngman Khans Person aktiv wird, ist dafür gesorgt, dass alle Welt von dem erfährt, was mir widerfahren ist.

Hochachtungsvoll,
Allen Clark."

Während ein Beamter den Brief und die Apparatur der Delegation von Xarondi übergibt, werden Khan, Clark und dessen Sohn zum startbereiten Flugzeug geleitet. Erst als sie sich in der Luft befinden, fallen alle Ängste von ihnen ab.

Nun kann Mark, Clarks Sohn, im Detail darüber berichten, wie er zum provisorischen Ausweis für Khan gekommen ist. Auch zum Zusammentreffen auf der rexanischen Botschaft in Marori mit Khans Frau nach der Beerdigung ihres Onkels und dass diese sich bereits auf dem Weg nach Rexanien befände.

Mark hatte als Reporter natürlich Kenntnis vom Ort des Staatsführertreffens und vom Zeitpunkt der Abreise der Xarondi-Delegation aus Sanova.

Es war nicht einfach, die Sicherheitsbamten zu veranlassen, seinen Vater und Khan von der Delegation zu trennen.

Zum Glück hatten die Beamten keine hohe Meinung vom autoritären Staat Xarondi und waren deshalb Marks Wünschen zugänglich.

Clark schliesst seinen Sohn in die Arme und bedankt sich herzlich bei ihm, denn ohne Marks Eingreifen hätte eine ungewisse Zukunft auf sie gewartet. Eine Flucht direkt aus Xarondi wäre wohl nie gelungen. Wie hätten sie dort falsche Spuren legen und welchen Weg für die Flucht einschlagen können, ohne entsprechende Unterstützung.

Khan bemerkt, dass er dankbar dafür ist, dem Regime ohne sein Zutun entkommen zu sein. Doch Clark erwidert, dass er sich in Zukunft um ihn kümmern werde und macht sich noch im Flugzeug Gedanken über ihre weitere Zusammenarbeit.

Gedankenaufzeichnung will er von nun an nicht mehr betreiben. Das Aufzeichnen von Träumen jedoch soll mit einer neuen Apparatur vervollkommnet werden.

Die Filmindustrie wird an ungewöhnlichen Träumen sicher Interesse zeigen. Damit wird sich für Clark und Khan ein neues Wirkungsfeld ergeben. Clark wird sich auch dafür einsetzen, dass Khan und dessen Frau ein Bleiberecht in Rexanien erhalten.

Den Behörden und seiner Universität will Clark je einen versiegelten schriftlichen Bericht übergeben, welcher im Detail seine Entführung schildert und nur im Notfall geöffnet werden darf.

Da er aus Sicherheitsgründen nicht über das Vorgefallene sprechen will, wird er wohl seinen gut dotierten Posten als Wissen-schaftler an der Universität verlieren.

Die Weiterentwicklung der neuen Apparatur für Traumaufzeichnung wird bald beginnen .

Clark freut sich schon auf das Zusammentreffen mit seiner Frau und auch Khan kann sicher bald seine Frau in die Arme schliessen.

Auf dem Rückflug liest der «Grosse Führer» Clarks Brief und ist ausser sich darüber, dass seine Aufpasser Clarks Entkommen nicht verhinderten. Er behält sich weitere Massnahmen in Bezug auf Überwachung in seinem Land vor. Dabei werden wohl Köpfe rollen.

Fortsetzung folgt

Epilog

Heute bedaure ich, dass ich in jungen Jahren nicht eingehender meine Eltern, Grosseltern und weitere Verwandte über ihre persönlichen Erlebnisse ausgefragt habe. Einiges, über das damals geredet wurde, ist mir im Gedächtnis geblieben. Eine schriftliche Überlieferung gibt es von keinem meiner Vorfahren.

Die Zeit ist schnelllebiger geworden, aber ich hoffe doch sehr, dass meine Nachfahren später einmal Interesse an meinem Werdegang haben.

Wer meinen Rückblick liest, bekommt den Eindruck, dass ich ein vorbildliches Leben geführt habe. In der ersten Hälfte meines Lebens habe ich mir jedoch auch einige Dinge geleistet, welche mir nicht zu meiner Ehre gereichen.

Abschliessen eine Aufzählung in alphabetischer Reihenfolge der 25 Ländern, die ich zum Teil mehrmals bereist habe, zusätzlich zu den drei Ländern in denen ich zeitweise mein Leben verbracht habe, zuerst in Deutschland, dann in der Schweiz und jetzt in Australien:

Bali (Indonesien), Belgien, Dänemark, DDR, England, Estland, Frankreich, Holland, Italien, Kreta (Griechenland), Kroatien, Liech-tenstein, Litauen, Luxemburg, Marokko, Österreich, Polen, Russland, Schweden, Singapur, Spanien, Tschechien, Ungarn, USA und Zypern.

Dank

Mein Dank geht an mein Darling-wife Marcella, ohne die ich dieses Buch nicht hätte verwirklichen können.
Es wurde von ihr druckfertig redigiert, wobei ihr zur Bearbeitung leider kein deutsch-sprachiges Trennungs- & Korrektur-Programm zur Verfügung stand, was ihre Arbeit sehr erschwert hat.

Manfred K Becker
Down Under